〔エッセンシャル版〕
行動経済学

ミシェル・バデリー　土方奈美訳

Behavioural Economics
A Very Short Introduction

早川書房

〔エッセンシャル版〕行動経済学

BEHAVIOURAL ECONOMICS
A Very Short Introduction
by
Michelle Baddeley

Translated by
Nami Hijikata
Originally published in English in 2017
First published 2018 in Japan by
Hayakawa Publishing, Inc.
This book is published in Japan by
direct arrangement with
Oxford University Press.

本書はVery Short Introductionsシリーズの１冊です。同シリーズは1995年の創刊以来、歴史や政治、哲学、科学、ビジネス、経済、芸術など様々なテーマを取り上げ、現在までに500タイトル以上を刊行しています。累計販売部数は700万部を超え、45カ国語以上の言語に翻訳されています。

亡き祖母アイリーン・バデリー（旧姓ベイツ、一九一六年～二〇〇九年）の生誕一〇〇周年を記念して。その地に足のついた賢さと、孫娘への惜しみない愛情に捧げる。

「かりに一年じゅうの毎日が仕事休みの祭日であれば、
遊ぶのも働くのと同じように退屈なものとなるだろう、
たまの休みであるからこそ、くるのが楽しみなのだ、
まれに起こることでなければ人を喜ばせはしない」

——ウィリアム・シェイクスピア、「ヘンリー四世」第一部（第一幕第二場）

〔『シェイクスピア全集15』小田島雄志訳（白水社）より〕

目次

第1章　経済学と行動

いま、行動経済学に注目が集まっている。経済学や科学分野の一流の学術誌の巻頭を、行動経済学の研究が飾ることも多い。ソーシャルメディアでもよく取り上げられ、ジャーナリストはこの分野の新たな書籍や研究成果を頻繁《ひんぱん》に記事にする。世界中の政府をはじめとする政策立案者は行動経済学の知見を政策設計に取り入れようとし、主流派の経済学者も理論構築に役立てている。

行動経済学とは何か。なぜこれほど関心を集めているのか。行動経済学はまず、私たちの意思決定は利益とコストの合理的計算だけで成り立っているのではなく、社会的・心理的要因にも影響されることを受け入れ、経済学の原則に広がりを持たせた。また経済学を一般の人にもわかりやすいものにして裾野《すその》を広げた。

経済学が個人、国家、国際レベルで、私たちだけでなくその子供や未来の世代の幸福までをも考察する、きわめて重要な学問であることはまちがいない。しかし難解な玄人《くろうと》向けの世界だと考えている人も多い。経済学の素養のない人には、主要な概念はなかなか理解しづらい。行動経済学はこうしたイメージを一変させる可能性を秘めている。従来の経済学よりずっとおもしろいと感じる人も多い。私たちの意思決定を直観的に、小難しい数学など使わずに説明してくれるからだ。

行動経済学がおもしろいのは、その基本原則が多元的で多様なためでもある。従来の経済学に心理学（特に社会心理学）、社会学、神経科学、進化生物学などさまざまな学問領域で得られた知見を結びつけている。学問の垣根《かきね》を超えて知識を融合させることで、経済学の特徴とされてきた分析力を必ずしも損ねることなく、経済行動や金融行動に対する理解を深めているのだ。

行動経済学は従来の経済学とどこが違うのか

伝統的な経済学において、人間は数的計算を完璧にこなす生き物と見なされる。自分にとっての金銭的コストや利益を、何ポンド何ペンス、何ドル何セントといった具合に難なく正確に足し合わせ、他の人々が何をしているかは一切気にしない、そんな人間像が想定されている。そして経済的問題が生じるのは個人が誤りを犯すからではなく、市場やそれを支える制度に欠陥があるためだという前提に立つ。小さな会社の市場参入を妨《さまた》げるような障壁があり、資金力のある大企業が市場を支配し、価格をつりあげ、製造を抑制する。

情報がうまく伝わらない。あるいは市場自体が存在しない――たとえば、タバコの煙や環境汚染に対し自然発生的な市場メカニズムは働かず、それらのもたらすコストがタバコの価格に十分反映されない。これが従来の経済学だ。

行動経済学における合理性

伝統的な経済学者が合理性の限界を認めようとしないのに対し、行動経済学者は人間をとことん合理的な生き物とは考えない。むしろ合理的意思決定の限界に注目する。そのよりどころとなっているのが、心理学者、コンピュータ科学者であり、しかもノーベル経済学賞の受賞者でもあるハーバート・サイモンの発想だ。サイモンは**限定合理性**という概念を提唱したことで有名だ。限定合理性とは、私たちの意思決定にはさまざまな制約があるという考え方だ。たとえば認知的制約によって、最適な戦略を選択する能力が制限される。記憶力や数的処理能力にも限界がある。このため情報や、認知的処理にかける時間、あるいは他の選択肢を検討する能力が不足し、ときには特定の選択肢を選ばざるを得ない状況にも陥《おちい》る。

行動経済学は合理性について、他にもいくつかの概念を生み出してきた。サイモンと同じくノーベル経済学賞を受賞したバーノン・L・スミスは**環境合理性**を提唱した。合理性は私たちが置かれた状況や場面に左右されるので、変化しやすいという仮説だ。ゲルト・

ギーゲレンツァーは、私たちは**現実的合理性**で動いていると主張する。現実世界においては迅速に、ムダなく意思決定をしなければならない。たくさんの情報を集めたり、複雑な意思決定のルールを当てはめている時間はない。私たちは迅速かつ単純に判断を下す。たいていはそれでうまくいくが、ときには系統的な**行動バイアス**に陥るリスクもある。

もう一人、合理性の意味について興味深い洞察を提示した経済学者がハーベイ・ライベンシュタインだ。ライベンシュタインはバーノン・L・スミスの環境合理性と似た、**選択的合理性**という概念を生み出した。私たちはとことん合理的になるべきタイミングを取捨選択しているというのだ。ときには入手できる情報をすべてしっかりと考慮するが、現状にしがみつき、ライベンシュタインの言う**不活性領域**にとどまろうとすることもある。その結果、私たちの選択は**粘着性**を持つことがある。状況が変化したとき、私たちは常に効果的に行動を変えるとは限らない。ライベンシュタインは私たちの行動が粘着性を持つ状況は二つある、と主張する。一つは選択を変えるコストが高すぎると判断したケース、もう一つは怠惰《たいだ》で無気力なために選択を変えないケースだ。

このように行動経済学者は合理性に対して多様な見方をする。たいていは、人間の合理性は自らの置かれた状況に応じて変化することを認めている。質の高い情報が得られないとき、急いでいるとき、認知的制約や社会的影響を受けているとき、私たちは時間や情報が十分にある完璧な世界では下さないようなまずい判断を下すことがある、と。

データの制約

この新たな経済学は大きな可能性を秘めているが、行動経済学者にとって最も大きな制約となっているのが、関連性と信頼性のあるデータの確保である。伝統的経済学が計量経済モデルや統計的手法を使い、政府や国際統計機関が集めた公表データや過去のデータを分析するといった実証的アプローチを採ってきたのに対し、行動経済学では実験によってデータを集めることが多い。

何が人々の選択を決定づけるのか解明するため、行動経済学では思考プロセスや感情プロセスを理解しようと努める。それには標準的な経済学のデータソース（マクロ経済の状態を示す雇用や失業の統計データなど）はあまり役に立たない。というのも、こうしたデータが示すのは観測された選択や結果に過ぎないからだ。意識調査の結果が使われることもある。たとえば世帯調査に含まれる、幸福度や生活への満足度に関する問いの答えだ。しかし意識調査のデータにも問題はある。母集団の代表サンプルをどうやって識別するのか、虚偽あるいは誤解にもとづく回答にはどう対応すべきなのか。

実験データ

行動経済学者が最もよく使うデータソースは、実験室での室内実験だろう。そこでよく問題となるのは、大学生を被験者として使うことの弊害だ。学生たちの選択は現実世界の選択との相関が低いこともあり、そうなると実験データには**外的妥当性**がない、すなわち実験結果は現実世界には当てはまらないことになる。たとえば学生を使って金融取引の実験をしても、彼らの選択は現実のトレーダーのそれとはほとんど関連性がないかもしれない。学生の知識や経験は限られており、本物のトレーダーと比べて成功しようという意欲も低いはずだ。

実験データの信頼性を高めるうえで、もう一つ重大な障害となるのは実験方法だ。経済学においては厳密な対照実験が難しいこともある。行動経済学の初期の研究成果に対しては、実験結果からは参加者が何をすべきかわかっていなかった様子がうかがえ、そこで認められた行動異常は真の系統的バイアスではないという批判もある。また、倫理的トレードオフの問題もある。実験として許容されるのはどのような内容のものか。特に被験者が病院の患者など弱者である場合は？　被験者を騙《だま》してもよいのか。そもそも被験者を一切騙さない人為的実験など成立しうるのか？

オンラインアンケートのサーベイ・モンキー、プロリフィック・アカデミック、タスクラビットのほか、さまざまなモバイルアプリなど、オンライン実験を可能にするツールは増えている。こうしたツールを使えば安価に、しかも手間をかけずに大量の実験データが入手できる。しかし集まったデータが代表サンプルであることをどうやって確認するのか。

単に報酬目当ての、適当にキーボードを叩くだけのやる気のない参加者にはどう対処するのか。行動経済学者にとって、実験の参加者にどうやって現実世界と同じような行動をとる動機づけを与えるかは重大な問題である。学術研究の予算は限られていることが多いので、なおさらだ。

神経科学データと神経経済学

神経科学データと実験データを組み合わせることで、重要な影響要因が浮かびあがることもある。神経科学にはさまざまな分析手法がある。脳に障害のある人の選択は、脳のどの領域が経済的意思決定に関係しているかを知る手がかりとなる。同じように脳撮像技術（機能的磁気共鳴画像法〔ｆＭＲＩ〕など）を使うと、経済的意思決定が特定の脳領域の神経反応とどのように関係しているかがわかる。経頭蓋《けいとうがい》磁気刺激（ＴＭＳ）と呼ばれる技術も人気が高まっている。特定の脳領域を刺激し、この一時的介入によって人々の選択がどのように変化するかを調べる仕組みだ。もっと簡単で安価な方法もある。たとえば生理反応（心拍数、脈拍）の測定、ホルモン値の測定（オキシトシンの量によって信頼感を測る、テストステロンの量によって金融リスク許容度を測る）などだ。

神経科学データの主な利点は、客観性が比較的高いことだ。意識調査の回答者は、信頼性の低い主観的意見を語ることもあれば、何らかの理由で回答を偽《いつわ》ったり操作したりすることもある。一方、神経科学的手法で測定される生理反応をコントロールするのは不可能とは言わないまでも、はるかに難しい。ただし実験方法が研究者のバイアスに影響される可能性は排除できない。

自然実験と無作為化比較試験（RCT）

すでに述べたとおり、行動経済学の実験でよく問題となるのは外的妥当性の欠如だ。**自然実験**なら（うまく見つかれば）、その問題は克服できる。自然実験とは現実世界の出来事や人々の行動から、たまたま有益なデータが生じることだ。たとえば第6章で詳述する、経済学者のステファノ・デラヴィーニャとウルリケ・マルメンディアが使ったスポーツジムの会員と利用回数のデータだ。このデータからは、大勢の人がほとんど使わないスポーツジムに多額の会費を支払っていることがわかった。しかし自然実験から質の高いデータが得られることはまれであり、それだけに頼っていては行動経済学の進歩はあまり望めない。そこで一つの解決策となるのが**無作為化比較試験（RCT）**だ。これは医療の臨床試験で、治療効果を確かめるのに広く使われる実験方法である。特定の治療を受けた実験群と、プラセボ（偽薬）を投与された対照群の効果を比較するのだ。

行動経済学ではこの手法を参考に、実験群と対照群の回答を比較する。しかし社会経済的プラセボを考案するのは難しいため、行動経済学のRCTにおける対照群は通常なんの介入も受けない。このため被験者の行動が変化したのは本当に介入のためなのか、あるいは被験者が介入の効果とは無関係に反応を示し、いわば経済学版プラセボ効果が生じたためなのか、明確に判断することはできない。それでも今日、特定の行動を促《うなが》す発達的介入によってどのような社会経済的結果が生じるかを調べるため、行動発達経済学者のあいだでＲＣＴは広く活用されている。

本書のテーマ

今日、行動経済学についてては膨大な文献がある。この分野だけで図書館がいっぱいになるほどだ。本書では「私たちを動かす要因、意欲を刺激する要因は何か」「私たちは社会的要因にどのような影響を受けるのか」「なぜ、どのように間違いを犯すのか」「リスクをどのように判断するのか、あるいはどのように判断を誤るのか」「短期主義的な傾向とはどのようなものか」「性格、気分、感情は選択や意思決定にどう影響するのか」といった重要なテーマを掘り下げていく。行動ミクロ経済学の原則への理解を深めたら、それらをまとめた行動マクロ経済学とはどのようなものかを考察する。そして最後に、行動経済学の洞察を活かした重要な政策研究の例を引きながら、この分野の知見や教訓が公共政策立案の場でどのように活かされているかを見ていく。

第2章　モチベーションとインセンティブ

学会などで経済学者が集まって話をすれば、遅かれ早かれ誰かが**インセンティブ**という言葉を口にするはずだ。インセンティブは経済分析において基本となる概念だ。個人に対しては仕事に注ぎ込む労力と質を高めるよう促し、企業に対しては製品の生産量や品質を高めるよう促す要因を指す。経済学者は通常、お金を最も重要なインセンティブと考える。お金が価値を測る客観的指標であるのは間違いない（だからといって必ずしも正確あるいは公平な指標ではないが）。日常生活において、私たちの行動の動機となるのはたいがいお金だ。モノやサービスの価格も賃金も、お金で決まる。企業や個人が質の高い生産的な意思決定をすれば、高い価格や賃金というかたちで報《むく》われる。多種多様な個人や企業の選択を調整する市場は、金銭的インセンティブによって支えられている。

行動経済学者である私は、価格やお金が人々に努力を促す強力なインセンティブであることを否定はしないが、人々の意思決定には他にもさまざまな社会経済的・心理的要因が影響を与えていると主張したい。私たちを動かすのは、お金だけではない。学者である私の稼ぎは、民間企業で稼げる金額より低いかもしれない。生涯賃金で考えれば、企業より年金が高く雇用もはるかに安定しているという事実によって、目先の収入を最大化しない理由の説明がつくかもしれない。しかしそれだけではない。学者という仕事にはかけがえのない魅力があり、それが私の非金銭的なモチベーションとなっている。たとえ宝くじに当たり、一生暮らしに困らないだけのお金が手に入っても、今の仕事を辞めないだろうと思うこともある。金銭的報酬とは関係なく、仕事そのものが喜びと感じられることもある。

モチベーションとインセンティブには二種類ある

これは決して珍しいことではない。仕事をめぐっては、さまざまな金銭的および非金銭的報酬がモチベーションとなる。たいていの人は仕事の対価として金銭的報酬を求めるが、働く目的がお金だけではない人もいる。熱心に働いていることや尊敬される仕事に就いていることから得られる社会的承認など、社会的報酬がインセンティブとなっている人もいる。道徳的インセンティブに反応する人もいる。たとえば慈善団体の職員だ。単にその仕事が好きだから、報酬は低くても構わないという人もいる。芸術家の多くがそうだろう。

行動経済学者はインセンティブとモチベーションを**内発的**と**外発的**という二つの大きなくくりに分類し、私たちの意思決定や選択に影響を与えるさまざまな要因をとらえている。

外発的モチベーション

外発的モチベーションとは、個人の外部に存在するインセンティブや報酬を意味する。たとえば周囲の環境や人々に促され、本来やりたくないことをやらされる状況を考えてみよう。そんなとき私たちの行動を決定づけるのは、何らかの外的要因だ。インセンティブというかたちの外発的モチベーションが必要になる。最も一般的で強力なインセンティブはお金だ。私たちは賃金や給料をもらうから働く。もっと強力な外的インセンティブは、身体的脅威だ。ただ非金銭的インセンティブも外発的モチベーションとなりうる。たとえば社会的承認や社会的成功といった**社会的報酬**だ。高い賃金、試験での好成績、褒賞や表彰、社会的承認は、いずれも外的報酬である。

内発的モチベーション

内発的モチベーションは、個人の内なる目標や姿勢から生じる。私たちはときとして自発的に努力しようという気になる。何らかの外的報酬のためではなく、自分自身のために。プロとしての誇り、義務感、大義への忠誠心、難問を解く楽しさ、あるいは体を動かす喜びといった自分の内なる何かがモチベーションとなっているとき、外的インセンティブは必要ない。チェスやカードゲーム、あるいはコンピュータゲームをしているときには、挑戦自体が喜びとなり、その喜びの感情は内側から湧《わ》いてくる。芸術家や職人には自らの仕事を楽しみ、誇りを抱く人が多い。自分や家族の生活費は必要なので、金銭的報酬などうでもいいというわけではないが、それは数多くのモチベーションの一つに過ぎない。

クラウディング・アウト

外発的モチベーションと内発的モチベーションはそれぞれ独立しているわけではない。前者によって後者がクラウディング・アウト（駆逐《くちく》）されることもある。内発的モチベーションが外的報酬によって阻害されてしまうのだ。そのメカニズムを示した実験がいくつかある。内発的モチベーションのクラウディング・アウトを示したある実験では、大学生にいくつかのパズルを解くよう求めた。学生は無作為に二つのグループに分けられた。一つめのグループには金銭的報酬が支払われ、二つめのグループには支払われなかった。意外なことに、二つめのグループの学生には、一つめのグループを上回る成績を挙げた者たちがいた。お金をもらわなかった学生たちはパズルを解くという知的挑戦を楽しんでいたのに対し、お金をもらった学生たちはその金額が比較的少なかったことで意欲を削《そ》がれたのだろう。金銭的報酬が支払われると、学生の意識は作業の知的挑戦を楽しむこと（内発的モチベーション）に向かわず、金銭的報酬が十分か否か（外発的モチベーション）に向けられた。他の実験でも、少額の金銭的報酬を支払うと被験者の意欲が低下し、まったく報酬を支払わない場合よりもパフォーマンスが落ちることが示されている。少額の報酬によって内発的モチベーションがクラウディング・アウトされる一方、外的インセンティブが不十分であるために外発的モチベーションが十分に働かないのだ。

　外的なインセンティブとディスインセンティブ（負のインセンティブ）は、ときとして驚くようなかたちで私たちの日常生活にも影響を及ぼす。経済学者のウリ・ニーズィーとアルド・ルスティキーニがそれを示した保育園での実験を見てみよう。イスラエルのとある保育園は、保護者が時間までに子供を迎えに来ないことに悩まされていた。閉園時刻を過ぎても、保護者が来るまで保育士が残って子供の面倒を見ることも多かった。これにはコストもかかり、保育園と保育士にとっても不都合であったため、経営陣は保護者の遅刻を防ぐために罰金を導入することにした。

　すると予想外の結果が出た。罰金の導入によって、閉園時刻に遅れる保護者は減るどころか増えたのだ。原因は保護者たちが罰金を抑止策とは受け取らなかったためだと研究者チームは考えた。保護者たちはそれをサービスの対価ととらえたのだ。保育園は通常の保育時間後も子供を保育するという追加サービスを提供しているのだ、と。保護者のなかには進んで追加サービスの費用を払う者もいた。しかもそれを互酬《ごしゅう》的で双方にとって有益な取り決めと考えたため（結局のところ保育園は追加収入を得ることになったのだから）、以前は頻繁に遅れることの歯止めとなっていた罪悪感を抱かなくなった。これも内発的モチベーションのクラウディング・アウトと言えるだろう。罰金が導入される以前は多くの保護者が保育園に気を遣い、協力しようとする内発的モチベーションを持っており、できるだけ時間どおりに迎えに来ていた。しかし罰金導入によって保護者の状況認識は変化した。そして遅く迎えに来られるという追加的サービスの対価を支払うようになった。罰金という金銭的な負のインセンティブによって、協力的な保護者であろうとする内発的モチベーションがクラウディング・アウトされたのだ。

献血も、外発的モチベーションによって内発的モチベーションがどのようにクラウディング・アウトされるかを示す重要な例だ。献血の不足には多くの国が頭を悩ませており、経済学者は献血者を増やす新たな方法を模索してきた。経済的な解決策としてわかりやすいのは、献血者にお金を払うことだ。しかし実験的に献血を促すために献血者に金銭的報酬を導入してみたところ、むしろ逆の、予想外の影響があった。報酬は人々の献血への意欲を高めるどころか低下させたのだ。理由として一つ考えられるのは、金銭的報酬という外発的モチベーションによって、良い市民であろうとする献血者の内発的モチベーションが阻害されたということだ。

社会性のある選択とイメージ・モチベーション

慈善の寄付も、外発的なモチベーションと内発的なモチベーションが複雑に作用しあう事例の一つだ。道徳的あるいは宗教的義務感から寄付をする人もいる。世間体が良いから寄付する人もいる。たいていの人は、いくつもの理由があって寄付をするのだろう。マーク・ザッカーバーグ夫妻は第一子の誕生を記念して財産のほとんどを寄付したが、これは世界の役に立ちたいという内発的な道徳的モチベーションからの選択だろうか。それとも気前のよい慈善家として世間の尊敬を集めたかったのだろうか。

行動経済学者はこうした慈善的モチベーションに注目し、外的な報酬によって寄付や慈善といった社会性のある行為の価値が「損なわれる」ケースを分析してきた。その結果、「慈善」によって個人的利益が得られ、しかもその情報が公《おおやけ》になるとき、人々はそれほど大盤振る舞いをしないことがわかった。私はある若手の研究者から、タイでは祭りや葬儀があると、村人が自分の名前を書いた封筒に寄付金を入れるという話を聞いた。あるいは集金係に直接手渡すこともできる。集金係は寄付をした人の情報や金額を記録する。そして祭りや葬儀の主催者は、村のあちこちに設置された拡声器を通じて、寄付をした人の名前と金額を発表する。発表は半径一キロメートル以内に住む村人全員に聞こえ、子供たちは寄付者の名前をしっかり聞くよう教えられるという。

このような行動は、社会的評価が私たちにとって重要であることを示している。特に寄付や慈善という面での評価は重要で、両者は**イメージ・モチベーション**と呼ばれる社会的な外発的モチベーションのわかりやすい例と言える。私たちの選択のなかには、社会的評価を高めたい、自らのイメージを向上させたいという願望を反映しているものがある。

ダン・アリエリーを中心とする研究チームはイメージ・モチベーションの作用を理解するため、外的報酬の存在が明らかにされているときに社会的選択がどのような影響を受けるかを調べた。研究チームは、慈善的寄付をする動機はイメージ・モチベーションであり、寄付は他者に自分が善良な人間であることを**シグナリング**する手段であるという前提から出発した。ただ寄付の見返りとして他にも恩恵があり、しかもそれが周知の事実である場合、イメージ・モチベーションは弱まる。私たちが慈善的寄付をしたという事実が広く知られれば、善良な人間であるというシグナルとなる。しかし寄付によって個人的恩恵を享受していることが周囲にも明らかな場合、寄付行為の社会的シグナリング効果は低下する。

こうした仮説を検証するため、アリエリーらは「クリック・フォー・チャリティ」という実験を考案した。この実験では参加者を無作為に二つの慈善事業に振り分けた。「良い」慈善事業（米国赤十字社）と「悪い」慈善事業（全米ライフル協会）だ。それから参加者に、キーボードの「X」キーか「Y」キーを押すといった、ほとんど手間のかからない簡単な作業を依頼した。すべての被験者はこのキーを押すという単純作業に対して、所属する慈善事業への寄付というかたちで報酬を受け取った。さらに個人的恩恵が追加された場合の影響を調べるため、参加者は二つのグループに分けられた。仕事ぶりが良ければ自分も金銭的報酬を受け取れるグループと、追加の報酬は一切ないグループだ。それぞれのグループはさらに二つに分け、片方のグループは「クリック・フォー・チャリティ」での仕事ぶりを実験の参加者全員に公表され、もう片方のグループは仕事ぶりを公表されず、参加者自身と研究者にしかわからないようにした。

キーを押した数で仕事ぶりを測定したところ、当然ながら最も成績が良かったのは「良い」慈善事業（赤十字社）のために働いた参加者だった。意外だったのは、参加者が金銭的インセンティブとイメージ・モチベーションという異なる外発的モチベーションに対して複雑な反応を見せたことだ。一番成績が良かったのは、個人として金銭的報酬は受け取らず、かつ仕事ぶりが公表されたグループだ。彼らのすばらしいパフォーマンスの原因は、おそらくイメージ・モチベーションだろう。仕事ぶりが公表されることがわかっていたので、自らの社会的評価を高めるために頑張ったのだ。一方、最も成績が悪かったのは、個人として金銭的報酬を受け取らず、しかも仕事ぶりが公表されなかったグループだ。頑張っても得るものが何もなかったからだ。金銭的報酬もない、そして頑張ったかどうかが誰にもわからないので社会的評価もない。社会的にも金銭的にも報酬がなければ、そもそも努力する理由がない。

最も興味深かったのは、努力に応じて個人的に金銭的報酬を受け取ったグループの反応だ。このグループは、一番成績の良いグループ（個人として金銭的報酬はなかったが、仕事ぶりが公表されたグループ）ほどは頑張らなかった。この研究から少なくとも慈善的寄付については、金銭的報酬よりイメージ・モチベーションのほうがインセンティブとして効果があるように思える。とはいえイメージ・モチベーションが従来型の金銭的インセンティブを完全にクラウディング・アウトしたわけでもなかった。金銭的報酬を受け取った二つのグループでは、仕事ぶりを公表されたグループのほうが公表されなかったグループよりやはり成績が良かった。イメージ・モチベーションと金銭的報酬の両方が、インセンティブとして一定の役割を果たしていた。

こうした研究は総じて「金銭的インセンティブは匿名の寄付を促す効果がある」という大方の経済学者が予測しそうな結論を支持している。現実世界でイギリスの「ギフト・エイド」のような寄付を促す税制優遇制度がうまく機能するのは、このためかもしれない。ただ、金銭的インセンティブが機能しないケースもある。寄付をするときに税制優遇制度を活用しない人も多い。原因は税還付を申請する取引コスト、あるいは第6章で詳しく検討する**先延ばし**かもしれない。一連の研究からはもう一つ、政策立案にかかわる重要な教訓が得られる。人々の慈善行為をもっと簡単に公表できたら、寄付をする意欲が高まり、その効果は税制優遇のような従来型の金銭的インセンティブより大きいかもしれない、ということだ。ソーシャルメディアが普及し、自らの優れた人格や気前のよさを公表する機会にあふれた今日の世界では、それによって寄付が増える可能性が高い。

こうした研究成果は、慈善団体の役員報酬をめぐる議論とも関連している。慈善団体の最高経営責任者に高額の報酬を支払うと、そうした団体で働きたいと考えている人たちにも、寄付を検討している人たちにもマイナスの影響が出る可能性がある。慈善団体の経営トップが金銭的インセンティブに強く刺激される人物だと思われれば、慈善事業に期待される職業倫理と矛盾し、団体の評価は下がる。私を含めて寄付を検討している人たちは、おそらくそんな団体は支援したくないと判断するだろう。

モチベーションと仕事

内発的、外発的なインセンティブやモチベーションは仕事にも強い影響を及ぼす。たいていの労働者にはさまざまな内的、外的要因が複合的に作用している。外発的なインセンティブとモチベーションには、仕事で得られる賃金や給与だけでなく、雇用されることで得られる社会的承認も含まれている。（医者や教育者など）尊敬される職業に就いている場合は特にそうだ。仕事には内発的モチベーションも影響する。たとえば困難な課題に挑戦するのを楽しんだり、何かをすることに満足感を得たり、あるいは個人的な志《こころざし》がモチベーションになったりする。

インセンティブとモチベーションに関するこのような行動経済学の知見は、賃金と労働者の働きぶりや生産性との関係にかかわるきわめて重要な学説の一つ、**効率賃金理論**と密接にかかわっている。効率賃金理論は、経済的・社会心理学的要因がどのように労働者の努力を刺激するかを考察する。効率賃金とは企業の労働コストが最も低くなる賃金水準だ。労働者の賃金を引き上げた結果、生産性がそれ以上に上昇すれば、企業の利益は減少せず、むしろ増加する。たとえば賃金を一％引き上げた結果、労働者が熱心に働くようになり、生産量が二％増加すれば、単位あたりの労働コストは低下する。他の条件が一定であれば、企業利益は増加する。

賃金と利益が同時に増加する理由は、従来の経済学の概念で説明できる部分もある。報酬が増えれば、従業員の仕事に対する評価は高まり、それを失わないためにもより熱心に働くようになる。特に貧しい国では報酬が増えることで労働者は質の高い食事、住居、医療、衣服に手が届くようになる。そうすれば体が丈夫になって長時間精力的に働けるようになり、病気で仕事を休むことも減るかもしれない。報酬が増えれば、労働組合に加入している労働者はストライキに加わるのを思いとどまるかもしれない。

しかし賃金の引き上げが労働者のモチベーションを高めるのは、金銭的恩恵のためだけではない。良い待遇を受けていることが労働者の信頼感や忠誠心に及ぼす影響といった、社会的・心理的報酬やインセンティブのためでもある。上司に期待以上の扱いを受ければ、もっと良い働き手となって好意に報いたいと思うだろう。雇用者と被雇用者の関係は単なる金銭的なものではない。そこには忠誠心、信頼、互酬性といった社会的・心理的なインセンティブや誘因も作用している。ジョージ・アカロフらはこれを**贈与交換**の一形態と見る。上司が良い待遇と賃金を与えてくれる、だから私はこれまで以上の働きぶりでその恩に報いよう、というわけだ。

職場でこのような経験をしたことがある人は多いのではないか。私たちが生涯にわたって経験するさまざまな仕事、なかでも最高のものと最悪のものを比較してみれば、労働者のモチベーションがいかに複雑かがよくわかる。スポーツ用品、おいしい食品、すてきな靴など、自分が欲しいと思うような商品がたくさん並んだ店で働くことを想像してみよう。それだけで仕事を楽しみ、頑張って働く可能性は高いだろう。しかも上司が良い待遇をしてくれて、仕事にやりがいを感じられたら、常に監督されていなくてもきちんと働くはずだ。すると上司は監督するコストを節約でき、上司とあなたとのあいだに信頼関係が生まれて、あなたは主体的に頑張るようになる。友人その他の人脈を通じて職場のすばらしさを伝えるかもしれない。そうすれば上司は大々的に宣伝をしなくても質の高い新たな人材を獲得できるようになり、求人コストは下がり、怠け者を雇うリスクも抑えられる。

このように労働市場の分析において非金銭的インセンティブを考慮することは、慈善行為の理解に役立つだけではない。それは企業や政策立案者にとっても示唆に富む。賃金を引き下げても、必ずしも企業利益は増えない。むしろ賃金の引き上げが利益増加につながることもある。効率賃金理論は最低賃金や生活賃金（労働者がその地域で最低限の生活を営むのに必要な賃金）の議論の参考にもなる。賃金水準をより高く公平なものにすれば、雇用者と被雇用者の双方にプラスに働くこともある。賃金の引き上げによって労働者が職場の内外で企業のために努力するようになるなら、そうした要求は通りやすくなる。

本章では、行動経済学が経済学の基本的な考え方（「人々はインセンティブに反応する」など）を踏まえつつ、そこに含まれる概念をより広くとらえ（インセンティブやモチベーションの定義を広げる）、社会的・心理的要因の役割を認めるものだということを明らかにしてきた。私たちの選択や行動がさまざまな社会的、経済的、心理的モチベーションに影響されることを受け入れれば、これまで経済学が提示してきたパフォーマンス向上のための標準的な処方箋も大きく変わる。自分や他者のイメージや社会的評価に対する認識は、私たちの寄付行為や罰金への対応に影響を及ぼす。他者との社会的な関係性は、個人の職場での働きぶりを左右するだけでなく、企業の利益にも影響する。市場は人々の相互作用を反映する。人々が金銭的インセンティブに反応するのは明らかだが、強力な影響を及ぼす要因はほかにもたくさんある。人々の選択や努力、その結果の背後ではさまざまなモチベーションが複雑に絡みあっており、行動経済学は私たちが個人として、あるいは被雇用者、雇用者、政策立案者、市民として、そうしたものへの理解を深めるのに役立つ。

本章では、選択や意思決定に影響を及ぼす要因をいくつか見てきた。私たちにとって外発的モチベーションとなる社会的要因もその一つだ。次章ではさまざまな社会的要因（不平等回避、信頼と互酬、社会的学習、ピアプレッシャーなど）が、人々にどのような影響を及ぼすかを見ていこう。

第3章 社会生活

第2章では私たちの経済的・金融的意思決定に、お金以外のさまざまな要因がどのような影響を及ぼすかを見てきた。経済理論の多くは、私たちは独立した利己的な生き物だという前提にもとづいている。自らの行動を決めるとき、他の人々のことなど気にしない。あらゆる条件が一定であれば、経済活動を調整し、消費者と生産者の双方にとって最適な取引を実現する最良の手段は匿名性《とくめいせい》のある市場である、と考える。

経済学では通常、私たちはみな、他の個人が存在しないかのようにふるまうと想定する。他者からの影響は間接的なものだけ、すなわち供給と需要に関する他者の意思決定によって決まる市場価格だけだ。だがこのような考え方は、私たちの経済生活の重要な一面を見落としている。価格に人間的要素が入りこむ余地はなく、経済分析で価格ばかりに注目する経済学者は、経済的意思決定における人間関係や社会的相互作用の重要性を忘れがちだ。経済的選択は周囲の人々からさまざまなかたちで影響を受ける。社会心理学や社会学の文献は、それがなぜ、どのように起こるかを説明していて示唆に富む。本章では社会的要因が、主にどのようなかたちで行動に影響を及ぼすかを見ていく。

信頼、互酬、不平等回避

私たちは他者のことを気にかけることもあれば、気にかけないこともある。他者は私たちのことを気にかけることもあれば、気にかけないこともある。公平性に敏感で、不公平な結果より公平な結果を選好する。状況によっては他者を信頼しようとし、相手もそれに応えてこちらを信頼することもある。相手が信頼でき、自分をまっとうに扱ってくれれば、私たちも相手を信頼し、また信頼に値するふるまいによってそれに報いる可能性が高い。たとえば同僚が私の講義や事務作業を手伝ってくれたら、私も彼らの講義や雑務を進んで手伝おうという気になる。この信頼と互酬の相互作用は、私たちが日々行うさまざまな協調的・協力的活動においてきわめて重要な要素となっている。仕事や研究の共同作業から、慈善団体に寄付をするといった利他的行為、さらには家庭生活、コミュニティでの取り組み、政治運動など、生きていくうえで必要な他者との協力まで、すべてそうだ。

行動経済学における信頼と互酬の分析は、私たちは一般的に不公平な結果を好まないという洞察に立脚している。自分が不当な扱いを受けるのを好まないし、他の人々が不当な扱いを受けるのを見るのも好まない。自分が不当な扱いを受けていると感じれば、信頼や互酬をしない可能性が高くなる。社会的相互作用の核となるこの要素では、公平性の選好と、他者と比較して自分はどうかという感情とが結びついている。私たちは他の人々が自分と比べてずっと恵まれている、あるいはずっと不幸であるのを好まない。それは不平等な結果を嫌うからである。経済学者はこの選好を**不平等回避**と呼ぶ。

不平等回避には主に二タイプある。両者を理解するために、ロンドンの街中で銀行家がホームレスと出会った場面を想像してみよう。銀行家は貧困に苦しむ人を見て悲しい気持ちになるかもしれない。もっと生活水準が平等であればいいのに、と。それは**優位の不平等回避**を感じているのだ。銀行家は恵まれた立場にあるが、他の人々がはるかに低い生活水準で苦しむ姿は見たくないと考え、ホームレスにももっと公平な結果を望む。一方、ホームレスのほうも不平等は嫌だと感じる。もっと安全で心地よい住居を手に入れるためのお金が欲しい、今の厳しい暮らしぶりは不当だ、と。それは**劣位の不平等回避**、すなわち不利な立場にある人が他の人よりも劣る状況にいたくないと感じることだ。

どちらも不平等な結果に対して忌避感を抱くが、銀行家よりホームレスのほうが不平等をずっと強く意識するはずだ。私たちは優位の不平等回避より、劣位の不平等回避にはるかに大きく影響される。街中でホームレスを見た銀行家はささやかな不快感を覚える程度だが、ホームレスは不平等に対してはるかに強烈な不満を抱く。

ボランティア活動や慈善事業への寄付といった利他的行為も、公平性の選好によって説明できる。他者に施《ほどこ》しをするのは楽しく、自分が寛大だと思うと気分が良い。実験では、人々が純粋な利他心からではなく、他の人々に自分が善良で気前のよい人間だとシグナリングするために利他的行為を行うことが示されている。第2章でも指摘したとおり、自らの慈善行為が公になることがわかっていると、寄付を増やす傾向がある。

国や文化の違いにかかわらず、不平等回避の傾向が強く見られることが多くの実験で確認されており、また人類だけでなく霊長類全般に同様の傾向があることがわかっている。不平等回避を検証するのによく使われるのが、**最後通牒《さいごつうちょう》ゲーム**だ。最もシンプルな設定では、二人のプレーヤーがいる。プレーヤーAは提案者となり、たとえば一〇〇ポンドの予算をもらう。そして回答者となるプレーヤーBに好きな金額を取り分として提示できる。回答者が提案を拒否すると、どちらも取り分はゼロとなり、提案者は一〇〇ポンドを実験の主催者に返還しなければならない。伝統的な経済学者ならばおそらく、プレーヤーはどこまでも利己的にふるまい、相手プレーヤーの戦略を想像しながらできるだけ自分の取り分を増やそうとすると考え、次のように予測するだろう。「Aは、Bは取り分ゼロよりは一ポンドでも受け取れるほうがよいだろうと考える。そこでBが受け入れると踏んで、一ポンドという取り分を提案する。BがAの思惑や行動を一切気にしなければ、ゼロよりは一ポンドでももらえるほうがよいと考え、提案を受け入れるかもしれない。Bのこのような反応を想定したうえで、Aは一ポンドを提案し、九九ポンドを懐《ふところ》に入れようとする」

最後通牒ゲームは行動経済学において最も多く実施されてきた実験の一つであり、金額の違いによる反応の変化や、さまざまな国や文化での違いを調べるのに使われてきた。対象を動物に置き換えて実施されたこともある。ご褒美を果物や果汁に置き換えてチンパンジーにゲームをやらせたところ、人間と同じような行動を示した。さまざまな実験を通じて、現実の人々の行動は大方の経済学者が想定するものとは大きく異なることが一貫して示されてきた。提案者は通常一ポンド（あるいはそれに相当するモノ）をはるかに上回る取り分を提案する一方、回答者は予算の四割以上を提案されても断ることが多い。

行動経済学者のなかには、不平等回避をある種の感情、すなわち**社会的感情**と見る者もいる。私たちは自らの置かれた社会的状況に応じて、羨望《せんぼう》、妬《ねた》み、憤《いきどお》りといった感情を抱く。最後通牒ゲームで不当な扱いを受けたときも、おそらく感情的要素が働くのだろう。たとえば回答者（プレーヤーB）がずるい提案をした提案者（プレーヤーA）に対して怒りを感じれば、相手を懲《こ》らしめるために四〇ポンド以上を捨ててもよいと思うかもしれない。神経科学者は脳撮像技術を使って、私たちの脳内で何が起きているかを解明してきた。最後通牒ゲームに回答者役で参加した人の脳を撮影した実験では、不当な扱いを受けたと感じた人は、嫌なにおいを嗅《か》いだときと同じ神経領域が活性化していることが明らかになった。神経科学者や神経経済学者にはこれを、私たちが不当な扱いを受けたときにある種の社会的嫌悪を抱く証拠と見る者もいる。

協力、懲罰、社会規範

社会規範も私たちの行動に影響を及ぼす社会的要因であり、**ピアプレッシャー**（仲間からの圧力）によって強化されることが多い。人間は社会的生物であるため、通常は社会性のある行動を評価し、またそうした行動によって評価を得る。ティーンエイジャーが仲間の選択や習慣をまねれば、楽しい集まりに声がかかりやすくなる。規範を順守しようとする意識は私たちに強力な影響を及ぼし、慣習、伝統、宗教生活を形づくる。しかし盲目的服従をともなう社会的要因は、ときとして厄介な結果を引き起こす。たとえばカルト集団の形成だ。カルトは破滅的社会行動の極端な例だが、もっとありふれた状況においても規範は強力に作用する。私たちは自らの行動を他者のそれとよく比較する。行動経済学の用語を使うと、他者の行動は私たちにとって**社会的参照点**となる。私たちは意思決定をするとき、集団の平均的な意思決定と思われるものを参照する。政府の政策立案機関から企業のマーケティング部門にいたるまで、社会的参照点を活用して、好ましい行動を促したり、収益改善を図ったりする組織は多い。

社会規範は人間がなぜ、どのように互いに協力しあう種《しゅ》として進化してきたかを理解するのに役立つ。しかし他の人々の好意にタダ乗りしようとする人がいたら、どうなるのか。行動経済学者は**公共財ゲーム**を使って、この問いと向き合ってきた。公共財ゲームとは、人間の互いに協力しようとする傾向に加えて、協力行動を維持するうえで社会的制裁や懲罰が果たす役割を調べるための実験だ。そのもとにあるのは公共財という経済概念である。

公共財とは本来、誰もが自由に簡単に入手できるものだ。誰でも自由に消費でき、誰かが私物化することは難しい。灯台が典型例だ。船で灯台を通り過ぎる者は誰でもその恩恵を享受できるが、明かりの恩恵に対して特定の個人に「課金」するのは難しい。このため灯台の運営によって利益を稼ぐことは困難であり、民間企業で灯台に投資しようというところはまず出てこない。灯台のような公共財がきちんと提供されるようにするためには、金銭以外のモチベーションが必要になる。経済学者の研究では、公共財の提供と維持において地域共同体が驚くほど優れていることが明らかになっている。

行動経済学者は公共財ゲームを使って、公共財に対する私たちの行動に影響を及ぼすいくつかの要因を明らかにしてきた。たとえばこんなゲームだ。実験の参加者を集めて、コミュニティの資金プールに寄付をするよう求める。そして集まった金額は後で全員に平等に分配する、と伝える。地域コミュニティに公園を造るための資金を集めるときと同じような状況だ。ふつうの経済学者であれば、大方の参加者は一切寄付をしないだろうと予測する。自分が寄付をしようがしまいが、集まったお金は平等に分配される。ならば自分の利益を最大化するため、一切寄付をせずに分け前だけもらおうとするはずだ。このような考え方の問題点は、誰もが同じように他人の寄付にタダ乗りしようとすると、結局資金プールにお金は集まらず、公共財も提供されなくなることだ。その場合、個人の利己的なふるまいは、集団全体に不都合な結果をもたらす。

幸い、行動経済学者や実験経済学者による公共財ゲームの実験では、最後通牒ゲームのときと同じように、参加者が驚くほど気前よくふるまうことが明らかになった。ほとんどの参加者がある程度の金額を寄付した。公共財ゲームの応用編では、他の参加者がけちなふるまいをするのを第三者の立場から見た被験者は、そうした非協力的参加者を罰するために進んでお金を出そうとすることがわかった。この現象は**利他的処罰**と呼ばれる。気前よく協力的にふるまうという社会規範を破った人々を処罰するため、自らは何かを犠牲にしようとする行為である。これも協力行動の一形態といえる。というのも利他的処罰は、気前よくお金を払う人々の協力的行動を奨励する一方、お金を渋る人々の利己的行動を戒《いまし》めるものだからだ。神経経済学者や神経科学者も公共財ゲームにおける利他的処罰を研究してきた。そこからは実験の参加者が利他的処罰をしているとき、脳の報酬中枢が活性化することがわかった。これは社会規範を破った者たちを処罰するとき、私たちは喜びを感じることを示唆している。

　利他的処罰は協力行動の進化において重要な現象だ。この概念を使うと、社会的に容認されない行為が瞬《またた》く間に世間から糾弾《きゅうだん》されるようになる理由がわかる。最近はソーシャルメディアの登場によってそれが一段と容易になり、弊害も出ている（ツイッター上で悪意あるコメントをまき散らす「トロール（荒らし）」など）。さらに視点を広げれば、私たちに他者との協力や社会規範を重んじる傾向があることは、人々の行動を変えるうえで社会的情報がきわめて有効なツールとなることを示唆している。電力消費に関するエビデンスを見てみよう。消費者に近隣の家庭の電力消費状況を伝えると、それを社会的参照点として自らの消費量を合わせようとする傾向が見られる。同じような話として、イギリスの歳入関税局（HMRC）は税金滞納者に送る督促状の一部に、他の納税者の行動に関する社会的情報を含めた。ほとんどの国民が期限までに納税をしているなかで、あなたの行動は社会的に異常ですよ、と指摘したのだ。すると督促状に他の納税者の行動に関する社会的情報を含めなかった場合と比べて、（すべてではないが）多くの滞納者がよりすばやく納税した。

アイデンティティ

アイデンティティも人間の社会的性質の現れであり、さまざまな意味できわめて特殊な社会的シグナリングと見ることができる。つまり第2章で議論した、慈善の寄付におけるイメージ・モチベーションと同じような役割を果たすのだ。私たちは特定のグループに対して、他のグループよりも強い一体感を抱く。これは社会心理学者のヘンリー・タジフェルが偏見と差別に関する初期の研究で分析したテーマだ。

タジフェルはふつうの人々がこぞってヒトラーやナチスに心を奪われた理由を解明したいと考えた。そこで集団間の関係に着目した。私たちは特定の**内集団**に帰属し、何らかの点で自分たちとは逆の**外集団**と対立し、衝突することさえ厭《いと》わない。さらにタジフェルは、集団が一体感を抱き、お互いをずっと仲間と認識するきっかけはほんの些細《ささい》なことでもかまわないことを指摘した。ある芸術の流派が好きか否か、コイン投げをして表が出たか裏が出たかといったことでさえ、集団を形成する理由になる。私たちは特定のグループと一体感を味わうためにコストを支払うことさえ厭わない。たとえばポップスター、ケイティ・ペリーのファンは、他のファンとの連帯意識のために年間何千ポンド、あるいは何千ドルというお金を使う。タジフェルの集団に関する洞察は、行動経済学者のアイデンティティの分析と密接にかかわっている。ジョージ・アカロフとレイチェル・クラントンはアイデンティティの分析を通じて、タトゥー（入れ墨）やピアスといった自らの身体を傷つける行為など、一見不可解に思える行動は、実は内集団に対して仲間であることをシグナリングする試みであることを明らかにした。

アイデンティティは政治において、特に重要な役割を果たす。たいていの人は、社会的に、政治的に、そして文化的に他者とアイデンティティを共有したいという強い欲求を抱いている。二〇一六年六月にイギリスでＥＵからの離脱の是非を問う国民投票が実施されたのを受けて、評論家らは「離脱」に投票した国民の多くは、ＥＵからの移民の増加によって自分たちのアイデンティティが失われた、あるいは希薄化したという思いを抱いていたことを指摘した。ただ皮肉なことに、一部の例外を除くと（リンカンシャー州ボストンなど）、一般国民のなかで最も「離脱」に熱心だったのは、すなわち最も移民の脅威を感じていたのは、移民の割合が最も低い地域の住民だった。直接かかわった経験がほとんどないのに、移民を外集団と決めつけていたのだろう。タジフェルだったらさもありなんと思ったはずだ。

ハーディング現象と社会的学習

人間の社会的性質の重要な特徴の一つは、他者を模倣し、群れ（ハード）を形成し、行動をともにしようとすることだ。社会学者が説明するところによれば、この**ハーディング現象**は二種類の要因によって引き起こされる。**規範的要因**と**情報的要因**だ。規範的要因とは、私たちの意思決定に影響を及ぼす社会規範を指す。たいていの人は集団に適応し、他の人々と同じ行動をとろうとする。これは人類が進化させてきた本能的反応かもしれない。経済や金融にかかわる判断を含めて、私たちは他者の意思決定に倣《なら》おうとする。他者から何かを学べるという考えからか、あるいはもっと原始的な本能的プロセスが作用しているのかもしれない。

社会心理学者のソロモン・アッシュは、ある線と同じ長さの線はどれかを判断するといったきわめて単純な意思決定においても、人はいともたやすく他者に影響されることを示した。ある実験では本物の被験者一人を、一九人のサクラと一緒のグループにした。きわめて簡単な質問に対して、一九人のサクラが明らかに誤った回答を選ぶと、本物の被験者もたいてい流され、明らかに誤った回答を選んだ。それが集団の判断だったからだ。自分だけが正しく、他の一九人が誤っている可能性は低いと被験者が判断したのだとしたら、必ずしも不合理な行動ではない。

私たちがなぜ、どのように他者を模倣するかをめぐっては、興味深い研究対象が新たに出現している。経済学にとって有望な領域の一つが、**ミラーニューロン**の神経経済学的分析だ。ミラーニューロンは人類や他の霊長類、さらにそれ以外の動物の脳内でも見つかっている。科学者は私たちが他者を模倣するのにミラーニューロンがかかわっているのではないかと考えている。神経科学者はサルを使って単一ニューロン実験を実施した。単一のニューロンにおける活動電位の発生頻度を観察するのだ。ミラーニューロンは、観察対象であるサルが動くときだけでなく、そのサルが他の個体が動くのを見たときにも反応していた。同じ反応が人間以外の霊長類にも見られる事実は、ハーディング行動は人間に「生まれつき備わった」自然なものであり、衝動などきわめて原始的な感情に起因することを示しているのかもしれない。経済や金融分野におけるハーディング行動も、同じような神経プロセスが引き起こしている可能性がある。

ハーディング現象の経済学的分析において重要な役割を果たしているのが、情報的要因に関する社会学者の洞察だ。情報的要因とは、私たちが他者の行動から学習することを指している。他者の行動が容易に観察できるとき、しかもそれに代わる情報を入手するのが難しいとき、前者は私たちにとって有益な指針となる。他の人たちは私たちの知らない情報を知っている可能性があるので、彼らを模倣し、群衆に従うことは合理的な社会的学習の手段とも言える。しかしときにはただ衝動的に、何も考えずに群衆に従うこともある。それは私たちが生まれ持った群れ本能の現れかもしれない。

日常生活にはこのような例がきわめて多い。急いで現金を手に入れなければいけないとき、一台のＡＴＭの前には長い行列がある一方、すぐ隣のＡＴＭの前には誰も並んでいないとしよう。私なら、他の人たちが二台目のＡＴＭを使わないのには何らかの理由があると考える。故障中、あるいはそのＡＴＭを所有する銀行が法外な手数料を徴収するのかもしれない。そこでわざわざ二台目のところに行って時間を無駄にはしない。集団の意思決定から学んだのだ。この行動は一概に誤っているとも正しいとも言えない。群衆は正しい選択をすることもあれば、選択を誤ることもある。群衆に従うのが賢明な判断か否かは状況次第だ。レストランを選ぶときも、他の人の選択は有力な情報源となる。私なら隣の店が大混雑なのに、まるで客がいない店に入ろうとは思わない。たとえ並ぶことになっても、混んでいるほうを選ぶ。空《す》いている店のワインや料理のお粗末さについて、あるいは混んでいる店のおいしい料理について、群衆が何か私の知らない情報を知っているのかもしれないからだ。ハーディングは良いことか、悪いことか。その答えは、集団の判断や意思決定が正しいか否かで決まる。

ハーディングには負の副次的影響もある。空いているレストランと混んでいるレストランがあるとき、私はどのような理由から後者を選ぶのだろうか。単に他の人々が並んでいるという理由なら、集団の意思決定という社会的情報を活用していることになる。ただ私が別の、私しか知らない情報を持っていたらどうだろう。価値のある情報だが、他の人たちには直接知ることはできないものだ。

私が二つの情報を握っているとしよう。一つはロンドンを訪問したばかりのシドニー在住の友人から聞いた、空いているほうの店はロンドンきっての知られざる名店だというオススメ情報だ。もう一つは他の人々がどちらの店を選ぶかを観察することで得られる情報だ。群衆に従って混んでいる店に入れば、私だけが持っていた情報（友人の推奨）を無視することになり、その情報は私の行動を観察していた人たちには入手できなくなる。彼らは私の選択から、空いている店には評価すべき点はさほどないのだと考える。空いている店が実はすばらしい名店であるという私だけの情報を、観察することも知ることもできない。こうして彼らも、そして彼らを観察する人々も、特別おいしくはないが混んでいる店のほうに並ぶのだ。このように他の人々の選択という社会的情報は、群れのなかで伝達されていく。ハーディングによって人々が群衆の行動に引きずられ、個人の持つ有用な情報が看過されるようになると、それは他の人々にとっても不利益となる。これを**ハーディングの負の外部性**という。集団と行動をともにすれば安全だ。そして一定の条件が整えば、集団的意思決定はより良い判断につながる。個人より集団の持つ情報のほうが正確な場合もある。しかしハーディングによって、個人の貴重な情報が無視されたり失われたりすることもある。

ハーディング現象のもう一つの原因は、私たちにとって他者にどう思われるかが重要であるということだ。自分の評判は大切であり、それを慎重に守ろうとする。これも第2章で議論したイメージ・モチベーションという要因と関連している。他の人々と一緒に間違ったほうが、自分の評判は傷つかない。これは経済学者のジョン・メイナード・ケインズの発言をもじったもので、ケインズは実際にはこう言った。「慣習に従って間違えるほうが、慣習を破って成功するより評判は傷つかない」。一匹狼《おおかみ》的なトレーダーは、周囲と異なる選択をして評価を勝ち得ることの難しさを体現している。金融市場のしきたりに反して大胆な投資をすることで、莫大《ばくだい》な利益を上げることもできる。しかし大方の意見が正しく、逆張り投資家が間違っていた場合、後者の評判はガタ落ちになる。「みんなも間違った」と言えないからだ。

おそらく進化のプロセスも重要な役割を果たしているのだろう。というのも人間と同じ社会的学習行動を示す種はほかにもたくさん存在するからだ。南極のアデリーペンギンには、強いハーディング傾向が見られる。アデリーペンギンは食物連鎖の中間にいる。オキアミを捕食し、ヒョウアザラシに捕食される。だから餌を探すときにはジレンマに直面する。海に飛び込めばおいしいオキアミが見つかるかもしれないが、アザラシに襲われて食べられるリスクもある。最善の戦略は社会的学習の能力を発揮し、仲間の行動を見ながらどうすべきか判断することだ。一番勇敢な、あるいは一番腹の減っているペンギンがリスクをとる。群れの仲間は襲ってくるアザラシがいないとわかると、一番手に続いて海に飛び込む。現代の人間の行動にも同じような例がある。モノを買うときには、他の消費者のフィードバックやレビューを参考にする。インターネットやネット通販の普及で、それがはるかに容易になった。有名人が特定の商品を使っているという情報にも敏感だ。このように何を買うか選択するときに他の人々の様子を参考にするのは、私たちが社会的情報にいかに影響されやすいかを示している。

人間がハーディングをするのは、集団に加わることで安心感を得るためでもある。みんなでやれば安全だ。車やオートバイで混雑したジャカルタの道路を想像してみよう。横断するには、地元の人たちと行動をともにするしかない。その地域の歩行者の習慣を学習すると同時に、集団行動によって安全と防御を手に入れるのだ。ひとりぼっちの歩行者にはスピードを緩《ゆる》めない車でも、群衆の前では止まるだろう。市民生活のなかにも、同じような例がある。集団訴訟は、一人ひとりの個人より集団のほうが強く、影響力があるという事実にもとづいている。たとえば私たちがまとまって訴訟を起こせば、不当な扱いを退《しりぞ》けることができるかもしれない。その一例が、痩《や》せ薬をめぐる「フェンフェン事件」の集団訴訟だ。アメリカの食品医薬品局は、フェンフェンの使用が心臓疾患と関連していることを突き止めた。一二万五〇〇〇人を超えるユーザーが製造元のワイス社に対する集団訴訟に加わり、ワイスは最終的に一六六〇万ドルの補償金を支払って和解した。一人では無力だった個人が集まり、集団として正義を勝ち取ったのだ。

いずれも現代の事例だが、群れ本能は太古の昔から存在する根深いものだ。人間だけでなく、すでに述べたようにペンギンなど多くの種にも見られる。ハーディングは動物の行動ともかかわりが深い。牛のハーディングは、捕食者から身を守るために進化してきた本能だ。他の動物と同じように人間にとっても、他者に従うのは食料、住居、繁殖相手を見つけるのに有効な生存戦略だった。

　私たちに深く根差したこのような本能は、インターネットやモバイル技術が社会的関係や相互作用を媒介する今日の人工的環境のなかで、どのように作用するのだろうか。たとえばイーベイで取引をするとき、トリップアドバイザー、エアビーアンドビー、ウーバーなどのサービスを使って旅行やタクシーを予約するときだ。コンピュータ化が進み、高速化した現代社会では、ハーディング現象や社会的要因の良い部分も悪い部分も増幅される。現代の金融危機は、投機家同士が金儲けの機会を探して互いの行動を模倣することで引き起こされる。それ自体は、チューリップバブル（一七世紀のオランダでチューリップの球根の売買が過熱した）やそれ以前と変わらない現象だ。

　ハーディング現象のなかでも金融的ハーディングは、直接的あるいは間接的にあらゆる人に大きな影響を及ぼしてきた。私たちはグローバル化とコンピュータ化が進んだ相互依存的な金融システムに身を置いている。資金の流れる速度や規模はまさに驚異的だ。その最たる例がナビンダー・シン・サラオ事件だ。サラオがロンドン郊外にある実家から行った「見せ玉」を使った取引は、二〇一〇年にウォール街を襲った「フラッシュ・クラッシュ」と呼ばれる株価急落事件の一因になったとされる。ハーディングには市場や金融システムを不安定化させる力がある。私たちの購買パターン、投票行動、宗教観やその実践方法、文化的選好までをも変える力がある。社会的関係や相互作用を歪めてしまう可能性もある。

ハーディング現象は社会の幸福や健全性という点からも重要な示唆を持つ。企業や政府が社会的情報を使って私たちの判断を操作し、ジョージ・オーウェルの小説『一九八四年』に描かれたようなグループシンク（集団浅慮）や「ビッグブラザー」が支配する世の中になったら倫理的に大問題だ。社会的な意思決定を操作することが商業的利益につながれば、企業や政府には個人のプライバシーを侵害し、個人情報をかき集めようとする強力なインセンティブが働き、現代のハイテク企業による搾取につながる恐れがある。ハーディングは私たちの将来の財務状況にも影響を及ぼす可能性がある。たとえば年金基金の運用者の意思決定プロセスがグループシンクに侵《おか》されれば、悪意ある個人や集団によって資金を吸い上げられ、大勢の年金加入者の老後資金が危うくなる。残念ながら年金基金をめぐる詐欺は珍しくない。年金を不正使用したロバート・マクスウェルの事件をはじめ、同じような例は枚挙にいとまがない。最近では百貨店ブリティッシュ・ホーム・ストアーズの元従業員の年金基金の運営が問題となった。幸い規制当局はこうした社会的要因を認識しており、そのリスクを抑え、年金基金がきちんと運営されるようにするための政策を実施している。

本章では社会的要因がさまざまなかたちで私たちの経済的・金融的意思決定に影響を及ぼすことを見てきた。私たちは社会的要因に反応する。そこには周囲と比べて自分はどれだけうまくやっているのか、他の人たちは自分と比べてどれだけ恵まれているのかといった認識が反映される。たいていの人は平等な結果を好み、不平等を嫌う。特にその弊害が自分に及ぶときはそうだ。私たちは他者を信頼し、何かをしてくれた相手には報いようとする。この社会的行動に依拠している経済的関係は多い。また私たちは他者から学び、模倣する。経済や金融にかかわる意思決定には、さまざまなタイプのハーディング現象や社会的学習が影響する。そのすべての検討において、行動経済学は社会心理学、社会学、神経科学、進化生物学の知見を取り込み、社会的要因がなぜ、どのように経済・金融行動にこれほど強烈な影響を及ぼすかを説明しようとする。

ハーディング現象に対する一つの解釈は、それは迅速な意思決定のための手段なのだ、というものだ。行動経済学者はそれを**ヒューリスティクス**と呼ぶ。ヒューリスティクスによってあらゆる意思決定をゼロから始めるより、時間や認知的労力を節約することができる。たとえばあなたが新しい冷蔵庫を買うとしよう。隣人が最近、膨大な時間をかけて一番良い冷蔵庫を選んだことを知っていたら、隣人にオススメを聞かずに、一から調査するだろうか。この場合は隣人のアドバイスを聞くことがヒューリスティクスとなる。その結果、たくさんの時間とエネルギーを節約できる。ヒューリスティクスは時間がかからず便利で、たいていはそれで十分うまくいく。その反面、系統的な行動バイアスを引き起こすという弊害もある。隣人や友人の行動を模倣するのは、貴重な社会的情報を活用する行為かもしれないが、場合によっては彼らの誤りを繰り返すだけかもしれない。しかもハーディングは、ヒューリスティクスのほんの一例に過ぎない。行動経済学にはヒューリスティクスに関する膨大な研究の蓄積がある。次章ではその主なものをいくつか見ていこう。

第４章　速い思考

第３章では私たちの意思決定が、社会的要因や他者の行動や態度によってどのような影響を受けるかを見てきた。ハーディングはその最たる例だ。私たちが他者をまねるのは、それが次にとるべき行動を決める手っ取り早い手段だからだ。日々の生活でさまざまな選択をするとき、私たちはこのような手っ取り早いルールを使う。本章ではそのなかでも主なヒューリスティクスとそれを使うことの影響、特に行動バイアスについて見ていく。

伝統的な経済学では、多数の消費者や企業の意思決定を調整するうえで市場が果たす役割に注目する。市場では価格が、製造コストや需給バランスに関する情報を伝えるシグナルとしてきわめて重要な役割を果たす。ただ、市場がきわめて重要な機能を果たしているといっても、価格メカニズムは完璧ではない。市場で起きるさまざまな失敗は、価格に需給のすべてがきちんと織り込まれていないことを示している。それを誰よりもよくわかっているのが経済学者で、市場がなぜ、どのように失敗するかの分析に生涯をかける者も多い。とりわけ彼らが注目するのは市場と制度の欠陥だ。

行動経済学者はそこに新たな視点を持ち込む。市場やそれを支える制度（政府や司法制度など）ではなく、市場を構成する個々の意思決定者の行動に注目するのだ。従来の経済学の前提となってきた、私たちは何をすべきか、買うべきか、売るべきか、どれぐらい一生懸命働くべきかを決定する際に比較的複雑で数的な意思決定のルールに従うという考え方とは距離を置く。

伝統的な経済学では、市場は失敗することがあるのに対し、市場を利用する人々はどこまでも合理的であると考えてきた。ときにはこの超合理的な行動主体も、後から考えれば、そしてもっと情報があれば改善できるような意思決定を下すこともある。しかしその時々で入手できる情報にもとづいて最善を尽くし、同じ間違いを繰り返すこともない。この合理的行動主体の選択は、その基本的選好を反映した安定的なものだ。たとえばチョコレートより本を、そして靴よりチョコレートを好む人は、靴より本を好む。彼らの選好は安定していて一貫性がある。そして入手できる最新の情報をすべて取り込み、数的推論によって最適解を導き出す。情報に信頼性がなかったり、不完全な場合に何が起きるかについても膨大な分析がなされているが、たいていの経済学者は数的推論に頼らない他の選択や意思決定の方法には注目しない。それに対して行動経済学者は、合理性をそれほど絶対的なものととらえない。

行動経済学者から見れば、ここまで述べてきたような意思決定に対する伝統的経済学のとらえ方は不完全で非現実的だ。現実には、私たちは日々の生活のなかでじっくり考えず、ぱっと決断することが多い。それは愚かでも非合理的でもない。むしろその逆だ。人生において それほど意味もない日常的な意思決定のために、何時間もかけて情報を集め、入念に戦略を立てるほうがよほど愚かで非合理的だ。すばやく決断したい、あるいはしなければならないこともある。だからといって**速い思考**が良いとも限らない。速すぎる判断は、間違いにつながる。そして後から考えると、じっくり考えておけばもっと良い選択ができたかもしれないと思う。本章では、速い思考のルールと、そのために私たちが日々の意思決定で犯しがちな間違いに注目しながら、このテーマを考えていこう。

ヒューリスティクスを使った速い判断

膨大な情報に圧倒されているとき、すなわち**情報の過負荷**に直面しているとき、速く判断するのは難しい。選択肢の多さに圧倒されているとき、すなわち**選択肢の過負荷**に直面しているときも、速く判断するのは難しい。伝統的な経済学では、選択は良いものであり、選択肢は多いほうが少ないより好ましいと考えられてきた。選択肢が多いというのは、私たちがそれぞれのニーズや願望にぴったり合った製品やサービスを選びやすいことを意味し、それは私たちの幸福を増進するはずだ、と。だが現実世界においては、選択肢をあまりに増やすと好ましい結果にはつながらないようだ。

選択の専門家であるシーナ・アイエンガーとマーク・レッパーは、選択肢の多さがなぜ、そしてどのように買い物客や学生の意欲を削ぐのか研究した。ある実験では、食料品店で買い物する客を、ジャムの陳列コーナーに行かせた。あるコーナーでは二四品目がセールになっていた。別のコーナーでは五品目だけがセールになっていた。セール品が多いコーナーに送り込まれた客のほうがそこにとどまる時間は長かったものの、セール品が少ないコーナーに行った客のほうが購入点数は多かった。選択肢が多すぎると、買い物客は圧倒され、購入意欲を削がれるのだろう。何かを選ぶ能力そのものが阻害されたのだ。

別の実験では、学生を二つのグループに分け、異なる課題を与えた。一方のグループでは、学生は三〇個の候補の中からテーマを選び、エッセイを書くよう指示された。別のグループには六個しか候補が与えられなかった。買い物客を対象とした実験と同じように、選択肢が限られていた学生たちのほうがパフォーマンスが高くモチベーションも高かった。選択肢が限られていたグループのほうが、分量も多く、質も高いエッセイを書いたのだ。

現代社会では選択肢の過負荷は特に深刻で、情報の過負荷によってさらに拍車がかかっている。選択肢の過負荷に直面すると、消費者の判断は速くなる。提示されたすべての選択肢をじっくり検討せず、リストの一番上にある選択肢をさっさと選んだりする。選択肢が複雑で、しかも恩恵がすぐに具体的に表れないような「退屈な」意思決定の場合（年金の運用計画を選ぶなど）、そもそも選ぶ努力すら放棄してしまう。選択肢の過負荷に関するその後の研究からは明白な結論は出ていないが、アレクサンダー・チャーネブらによる最近の研究では、選択をする状況の重要性が浮かびあがった。たとえば提示された選択肢が複雑である、作業が難しい、実験の参加者が自らの選好をよくわかっていない、なるべく手間をかけたくないと思っているといった条件が重なると、選択肢の過負荷に陥りやすいことが明らかになった。

ジャムやパンといった食料品から複雑な金融商品の購入にいたるまで、私たちは多種多様な選択肢を提示される。ことほどさようにオンラインでもオフラインでも複雑な情報があふれており、速く簡単に処理できるような状況ではない。経済学の標準的な見解とは矛盾するが、行動経済学者は情報量が増えるのは必ずしも好ましくないことを明らかにしてきた。私たちは日々の生活のさまざまな場面で、複雑な計算に時間と労力をかける代わりに、シンプルな経験則を活用して速く決断する。このシンプルな経験則を、行動経済学者はヒューリスティクスと呼ぶ。ヒューリスティクスがうまく機能することもあるが、一〇〇％ではない。それが誤りや失敗につながることもある。

たいていはヒューリスティクスを使うほうが理にかなっている。自動車、テレビ、冷蔵庫、電話などを購入するとき、わずかな金額を節約するために何日もかけてありとあらゆるオンラインとオフラインの店を訪ね歩くのは、よほどの愚か者だけだ。もっと少額な日用品についてはなおさらだ。私は一斤《いっきん》のパンを買うために徹底的なリサーチなどしない。ロンドン中のスーパーをまわってパンの価格を比較したりはしない。そのおかげで五〇ペンス節約できるかもしれないが、一番安価なスーパーに行くのに交通費が五ポンドかかるかもしれないし、それにかける時間の価値も考慮しなければならない。この洞察は、標準的な経済学の取引コストの分析とも矛盾しない。私たちは何を買うかを決めるときだけでなく、取引、交渉、情報収集のプロセスにおいても経済性を追求するという見方には、大方の経済学者が同意するだろう。

ただ行動経済学者はこうした洞察をさらに推し進め、私たちは取引コストさえ一切考慮しないと主張する。代わりに使うのがヒューリスティクスであり、それによって異なる選択肢の直接的、間接的コストをじっくり検討して時間を無駄にする必要はなくなる。さきほどのパンを買う話に戻ると、こういう場合にはさまざまなヒューリスティクスが使われる。たとえば前回買ったパンがおいしかったという理由で、同じ商品を選択するかもしれない。健康に関心があれば、パッケージに健康的イメージがある商品を選ぶだろう。たとえばプラスチックの包装材ではなく紙を使った商品から植物や種子を連想し、手を伸ばすかもしれない。自宅でくつろいでいるときは、遠くの大型スーパーのほうが安いとわかっていても、近所のコンビニエンスストアにあるもので手を打つかもしれない。こうしたプロセスはすべて無意識のうちに起こる。パン職人やメーカーが提示する情報をじっくり検討することもない。さまざまな選択肢の相対的な取引コストについて考えることもないだろう。

ヒューリスティクスを使う問題点は、失敗やバイアスにつながりやすいことだ。心理学者のダニエル・カーネマンとエイモス・トベルスキーはヒューリスティクスの分析のパイオニアであり、その成果はカーネマンの二〇一一年の著書『ファスト&スロー——あなたの意思はどのように決まるか？』（村井章子訳、ハヤカワ・ノンフィクション文庫）で知られるようになった。カーネマンとトベルスキーはさまざまな実験を通じて、ごく少数のヒューリスティクスによって系統的で予測可能な失敗が引き起こされることを明らかにした。速く判断すると、その選択は最適とは程遠いものになることがある。

カーネマンとトベルスキーは**利用可能性**、**代表性**、**アンカリングと調整**という三タイプの主なヒューリスティクスと、関連する行動バイアスを研究した。

利用可能な情報を使う

私たちは意思決定をするとき、とりわけ急いでいるときには、持っている情報をすべて入念に検討したりはしない。簡単にアクセスできる、回収できる、思い出せる情報を使う。知識を活用するのは、会議の直前に大急ぎで書類棚を漁《あさ》るときと似ている。そんなときは一番最初に目に入った、会議の内容と関連性のありそうなファイルを持っていく。時間と労力をかけてすべてのファイルをチェックし、一番関連性の高い情報の含まれているものを探したりはしない。その結果、ときには重要な情報を見落とし、失敗を犯すこともある。

関連する情報をすべて入念に調べることなく、簡単に手に入る情報に頼ることを、カーネマンとトベルスキーは**利用可能性ヒューリスティック**と呼んだ。利用可能性は**初頭効果**

と**新近効果**という心理学の概念ともかかわりが深い。これは、私たちは目にした情報の最初と最後の部分を記憶しやすく、中間の部分ははるかに忘れやすいことを指す。

習慣的行動も利用可能性ヒューリスティックによって説明できる。私は夫とよく旅行をする。飛行機やホテルを予約するのはたいてい私だ。多種多様な旅行会社があることはわかっているが、毎回同じ会社を使う。それは使い方を簡単に思い出せるからだ。前回予約したときの使いやすさ（あるいは使いにくさ）は覚えている。オンラインサイトなら過去の使用履歴を保存しておいてくれるので、思い出すのはさらに容易だ。サイトから頻繁にリマインダー（お知らせ）が来るので、記憶はさらに強化される。他の会社との比較をあまりしないために、さまざまなお得情報を見逃しているかもしれない。旅行会社のカモにはなりたくないので、ときどき他のサイトも見てみるが、旅行会社が結託して過大な料金をふっかけているためか、競争が激しいためか、あるいはその両方のためか、ホテルや飛行機の価格に通常大差はない。いずれにせよ、よく考えてみても、すぐに入手できる情報をさっさと使うからといって、重大な大失敗を犯しているわけではなさそうだ（間違っているかもしれないが）。

ときには利用可能性ヒューリスティックをもっと意識的に使うこともある（パスワードを選ぶときなど）。ただそのせいでサイバー・プライバシーや、ハッカー、スパムやフィッシング業者などによるセキュリティ攻撃に対して脆弱《ぜいじゃく》になってしまう。良いパスワードは覚えにくいものだが、私たちは利用可能性ヒューリスティックを使って簡単に記憶できるパスワードを考える。簡単に覚えられるパスワードは、簡単に見破れるものでもある。セキュリティ会社のスプラッシュデータ社は毎年、最悪のパスワードのリストをまとめている。それによると常に変わらず一番多く使われるパスワードは「１２３４５６」だ（数年前からリストのトップにある）。次に多いのは「ｐａｓｓｗｏｒｄ」だ。いずれも利用可能性ヒューリスティックを使えば簡単に思い出せるが、両者がよく使われることはハッカーなら誰でも知っている。

　政策立案者や市場競争の監督機関は、私たちがどのようにヒューリスティクスを使うか、とりわけ消費者の**スイッチング行動**に関心を抱く。私たちはもっとお得な事業者がいるとわかっていても、電力会社、携帯電話キャリア、金融機関をなかなかスイッチ（切り替え）しない。なぜもっと頻繁に、お得な契約に切り替えないのか。面倒くささや先延ばしが原因かもしれないが、利用可能性ヒューリスティックも作用しているかもしれない。忘れがたいほど不快な経験をしないかぎり、私たちはすでに知っているものにしがみつこうとする。なじみがあるからだ。企業が消費者の惰《だ》性《せい》につけ入る可能性があることに、政策立案者は神経をとがらせている。消費者から競争圧力がかからなければ（頻繁にお得な事業者に切り替えたりしなければ）、企業にはサービスの魅力を高めるインセンティブが働かない。どんな解決策があるのか。たとえば価格比較サイトは、消費者がお得な情報をより簡単に入手するのに役立つ。第９章の「経済行動と公共政策」で詳しく見ていくが、政府も消費者が契約先をスイッチしやすくするための方策を練っている。

代表性ヒューリスティック

トベルスキーとカーネマンが提唱した、判断にバイアスをかける二つめのヒューリスティクスは**代表性ヒューリスティック**だ。私たちは類推で物事を判断することが多い。ときには類似性がありそうに見えるというだけの出来事から、もっともらしい関連性を見つけてくる。行動経済学者と心理学者はさまざまな実験を通じて、私たちがいかに短絡的に「同じような話だ」という結論に飛びつくかを示してきた。また他者を既存の固定観念に当てはめようとする傾向もある。

トベルスキーとカーネマンは、さまざまな実験を通じて代表性ヒューリスティックを明らかにしてきた。ある実験では参加者に、人物の職業を推測させた。たとえばあるグループには、スティーブという人物の特徴を示した。スティーブは内気で内向的で、細かなことによく気づく。こうした情報を聞くと、それを否定するような客観的情報を示されても、スティーブは図書館司書だと推測する参加者が多かった。

「リンダ問題」に関する実験でも、同じような現象が確認された。トベルスキーとカーネマンは実験の参加者に、リンダという名の女性に関する情報を読ませた。リンダは三〇代の女性で、聡明、独身、はっきりとモノを言う性格である。社会正義や差別問題に関心が高く、反核デモに参加したこともある。そのうえで、参加者にこう質問した。

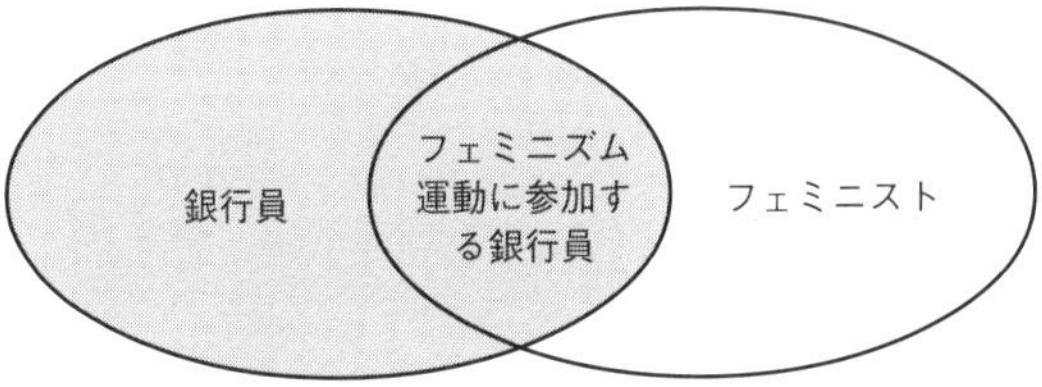

図１　リンダ問題　連言錯誤

次の選択肢のうち、可能性が高いのはどちらか。

1. リンダは銀行員である。
2. リンダは銀行員で、フェミニズム運動にも参加している。

多くの参加者が「２」を選ぶ。リンダはフェミニズム運動に参加する銀行員である、と。しかし「２」は「１」の部分集合である。「２」である確率は良くて「１」と同じ、「１」より高いことはあり得ない。この間違いは**連言錯誤**と呼ばれる。これは図１に示すような同時に発生する事象、専門家の言う「連言事象」の確率に関する誤りだ。

多くの人が、二つの連言事象（「リンダは銀行員である」と「リンダはフェミニストである」）がともに発生する確率は、単一の事象（「リンダは銀行員である」）より高いと判断する。「リンダは銀行員である」という事象には、フェミニストもそうでない者もひっくるめたすべての銀行員が含まれるにもかかわらずだ。提示された情報を見ると、リンダがフェミニストではない確率があるので、確率の法則を適切に当てはめれば、「1」のほうが可能性が高いと判断するはずだ。

なぜ、こんな単純な確率の法則を無視する人がこれほど多いのか。それは私たちが純粋に数学的、統計的法則にもとづいて判断を下すわけではないからだ。頭のなかで物語を組み立てる。物語は想像力を強く刺激する。私たちは代表性ヒューリスティックを使い、もともと持っている筋書きや固定観念に判断を合わせる。リンダの物語を読むと、フェミニストである可能性が高いと感じる。だから彼女がフェミニストである可能性を明示的に含む選択肢を選ぶのだ。統計学や確率の法則を知っていても、それがこの問題との関連性があるとは思わない。そこでこの知識を捨て、リンダの人格や職業について一貫性のあるストーリーを選ぶ。

新たな情報に接してもなかなか従来の考えを修正しない人は、代表性ヒューリスティックによって判断が歪みやすい。これは**確証バイアス**や**認知的不協和**とかかわる問題だ。

確証バイアスは、物事を判断するとき、もともと抱いている考えに無理やり結びつけようとするときに起こる。左派と右派の政治論争でよく見られる現象だ。マーティン・パーレットは二〇一四年の著書『大統領を悪者にする――バラク・オバマの異端化（*Demonizing the President: The Foreignization of Barak Obama*、未邦訳）』で、二〇一一年四月のウサマ・ビン・ラディン殺害でオバマが果たした役割に対する評価を分析した。一見すると、ビン・ラディン殺害においてのバラク・オバマの行動が、テロリズムを助長するものだとは考えづらい。しかし保守派の新聞《ワシントン・タイムズ》は、オバマはイスラム教の伝統にのっとって埋葬することを認め、ビン・ラディンの死を名誉あるものとしたと主張した。保守派から見ればオバマはテロリストに甘く、テロ組織の首領の殺害を含めて、オバマのいかなる行動もテロリスト寄りと見なされた。

イギリスでは二〇一五年に、大方の予想を裏切ってジェレミー・コービンが野党・労働党の党首に選出されたが、このときも確証バイアスが鮮明になった。党首として初めて首相への代表質問に立ったとき、野党党首を含めた国会議員の質問をまとめるのが慣例であるにもかかわらず、コービンは有権者からの質問を取り上げた。支持者はそれをいかにもコービンらしい民主的な姿勢だと称賛した。一方、反対派はコービンが無能で、自分では質問を考えられない証拠だと受け取った。いずれにせよジェレミー・コービンの行動によって、彼に対する周囲の意見は変わらなかった。誰もが、もともと抱いていた考えへの確証を得ただけだった。

確証バイアスが、新たな情報を既存の考えに合わせて解釈するときに生じるのに対し、認知的不協和は私たちの考えと行動に矛盾があるときに生じる。自らを善良で慈悲深い人間だと思っている人でも、施しを求めるホームレスの前を素通りすることは珍しくない。行動が考えと矛盾していると、行動を正当化しようとする。たとえばあの人が《ビッグイシュー》（ホームレスの生活を支えるための雑誌）でも売っていればお金を払ったのに、と考える。あのホームレスはペテン師で、本当は人々からお金を騙し取ろうとしているだけだと決めつける。あるいはお金を施しても薬物などに使ってしまうのだから、結局彼らの助けにはならない、と考える。いずれも状況認識を変えることで、自分は寛大な人間であるという考えが揺らがないようにしているのだ。

ジョージ・アカロフとウィリアム・ディケンズは行動学的実験によって、この傾向を検証した。たとえばある実験では、参加した学生たちに相手を侮辱するよう求めた。「おまえは浅はかで、信頼できないマヌケなやつだ」といった具合に。その結果、侮辱を口にした学生たちは、相手への態度を修正した。侮辱を受ける相手に対して、より批判的になったのだ。自分が「善良な」人間だという認識を変えたくなければ、認知的不協和を解消するには相手に対する認識を変えるしかない。アカロフとディケンズは、一般に人々が暴力的で攻撃的な行動を正当化するときには、この学生たちと同じような反応が起こるのではないかと結論づけている。

アンカリングと調整ヒューリスティック

三つめのバイアスは、私たちが特定の参照点を判断のアンカー（錨《いかり》）とし、この参照点に合わせて選択を調整していくときに生じる。トベルスキーとカーネマンはこれも実験を通じて証明している。ある研究では、小学生に計算問題の結果を予測させた。一つのグループには「8×7×6×5×4×3×2×1」の答えを、もう一つのグループには「1×

２×３×４×５×６×７×８」の答えを予測させた。予測値はどちらも同じようなものになるはずだが、「８」からスタートする問題を与えられた子供たちは、「１」からスタートする問題を与えられた子供たちより予測値が大きくなった。その理由として考えられるのは、一つめのグループは最初に見た「８」という数字に予測値をアンカリングしたために、「１」にアンカリングしたグループより大きくなったということだ。子供たちの回答は、私たちが最初の「アンカー」に対して調整していくときによく見られる問題、すなわち調整が不十分になりがちであることを示している。私たちの判断や選択は、出発点に影響される。

アンカリングと調整の身近な例が、シドニーの住宅市場だ。オーストラリアでは多くの住宅がオークションで販売され、学術研究のための格好のデータベースとなっている。オークションの在庫処分率はシドニーの住宅市場の勢いを測る重要なシグナルだ。二〇一五年はシドニーの住宅価格が平均二〇％上昇するなど堅調な一年だった。しかし年末にかけて（一時的に）バブルが弾《はじ》け、在庫処分率は九〇％以上（オークションに出された物件の九〇％が売却される）から五〇％以下に急落した（以下のウェブサイトを参照。www.abs.gov.au/ausstats/abs@.nsf/mf/6416.0）。二〇一六年初頭には住宅の売却を検討している人々が景況悪化に対応したので、在庫処分率は再び上昇に転じた。ただそれは単に住宅を売りに出す人が激減したためで、二〇一五年末には常に数百件が売りに出ていたのが、二〇一六年初頭には数えられるほどになっていた。考えられる理由は、売却を検討する人々は、特定の売却価格にアンカリングするためというものだ。その価格で売れる見込みがなくなると、市場力学に結果を委ねるより、売却自体を取りやめるのだ。

ある意味では、この「アンカリングと調整」ヒューリスティックにおけるアンカリングという要素は、最初に述べた利用可能性ヒューリスティックと重なる。参照点は、他の情報より認知的にアクセスしやすい情報であることが多い。たとえば私たちは現状を参照点とすることが多い。すなわち、現在の状況を変えるのを避ける傾向があるということだ。これは変化に抵抗したり、事象を現在の状況とどれだけ違うかによって評価する**現状維持バイアス**や**親近性バイアス**につながることもある。日々の生活のなかの私たちの判断は、それによって現状からどれくらい変化するのかを基準としていることが多い。転職するとき、あるいは家を売るとき、正当な収入や売却価格に関する私たちの認識は、現在の収入や家を買ったときの価格、あるいは隣人が最近家を売った価格が基準になる。こうした判断の問題点は、市場の実際の需給とほとんど関係がないことだ。それは市場の円滑な機能を妨げる要因にもなる。

企業や政策立案者は現状維持バイアスを利用して、私たちの意思決定を自分たちに都合のよい方向に誘導することができる。たとえばデフォルト・オプション（初期選択）というかたちで「現状」を設定してしまうのだ。私たちにとってはデフォルト・オプションが現状となり、それを変えるには意識的な努力が必要になる。こうした傾向につけ込み、企業が私たちに理解しづらい複雑なデフォルト・オプションを設定することも多い（図2を

図2　わかりにくいデフォルト・オプション　　©Jon and Mick / Modern Toss

参照)。

しかし政策立案において、現状維持バイアスやデフォルト・オプションをもっと建設的なかたちで活用することもできる。たとえば私たちの惰性に起因する問題の解決策として使うのだ。重要な例が年金貯蓄である。人口の高齢化や平均寿命の伸長によって、退職後の生活資金をどう確保するかは、多くの先進国において深刻な政策課題となりつつある。行動経済学者のシュロモ・ベナルチとリチャード・セイラーは現状維持バイアスを利用した年金システムを考案し、「明日はもっと貯蓄しよう(Save More Tomorrow、略称SMarT)」と名づけた。SMarTは将来的な昇給の一部が、自動的に労働者の年金貯蓄にまわる設計になっていた。つまり労働者が自らオプトアウト(拒否を選択)しないかぎり、昇給があったときにはその一部がSMarT年金貯蓄にまわることになる。この仕組みでは、労働者は現在の報酬と比べて損をした気持ちにはならない。SMarTにまわされるのは、報酬の増加分だけだからだ。しかも労働者には選択する権利が残っている。デフォルト・オプションは自動的に昇給の一定割合を貯蓄にまわすことだが、昇給分を一切年金貯蓄にまわしたくない人は、オプトアウトすることもできる。ベナルチとセイラーは、このように単にデフォルト・オプションを操作するだけで、年金貯蓄は大幅に増加することを明らかにした。この洞察は多くの国々が、年金制度や政策を見直すきっかけとなった。

一九七〇年代にカーネマンとトベルスキーが先鞭をつけて以降、経済学者や心理学者はさまざまなヒューリスティクスやバイアスを発見し、その数は急速に増えている。ウィキペディアの「認知的バイアス」の項目を見ると、一〇〇種類以上のバイアスが挙げられている。こうした知見を分析する仕組みを構築できれば、これらのバイアスがなぜ、どのように私たちの選択に影響を及ぼすのか、さらに理解が深まるだろう。

多くの行動経済学者が、主要な研究成果の理論化を目指してきた。この分野で発展してきた理論のなかでもとりわけ影響力が大きいのが**プロスペクト理論**だ。カーネマンとトベルスキーはこの理論を構築する過程で、ヒューリスティクスとバイアスに関する初期の洞察を、意思決定に関する充実した系統的分析に発展させてきた。それは特にリスクの高い状況下における意思決定の研究に応用されている。次章ではプロスペクト理論をはじめ、リスク下での意思決定に関するいくつかの理論を見ていく。

第5章 リスク下の選択

第4章では、私たちが速い思考によって判断を誤る、さまざまなパターンを見てきた。特にリスクや不確実性に直面していると、間違う可能性は高まる。道路を横断する、宝くじを買う、投資をする、短期ローンを借りる……こうした判断には、すべてリスクや不確実性がともなう。伝統的な経済学では、リスクは定量化できると考える。道路を横断するときにバスにはねられる確率さえわかれば（たとえば八〇〇〇分の一など）、その結果を考慮したうえでリスクをとるか否かを判断できる、というわけだ。

また経済学では、私たちは自らのリスク許容度に応じて、リスク度合いの異なる選択肢を選ぶと考える。そしてリスクがどのようなかたちで提示されても、個人のリスク選好度は変わらないと見る。宝くじを買うとき、一〇〇万ポンドが当たる確率は一四〇〇万分の一である。だから当選する確率は低いが、賞金の大きさを鑑《かんが》み、リスク選好度に応じて購入を決める。リスクをとるのが好きなタイプか、できるだけ避けようと思うタイプか、リスクに対して中立的で、たいしてこだわらないタイプか。リスクを避けようと思うタイプなら宝くじは買わず、リスクをとることが好きなら買うだろう。

行動経済学者は、リスクに対するこのような考え方を疑問視する。状況に応じてリスクに対する認識が変化することに注目するのだ。たとえば私たちは情報の覚えやすさに応じてリスクを判断する。これは第４章で見てきた利用可能性ヒューリスティックと関連する。入手しうるすべての情報にもとづいて選択をするのではなく、すぐに入手できる情報、すなわちすばやく簡単に思い出せる、あるいは回収できる情報だけをもとに選択する。

例として、航空機墜落事故に関する新聞記事を考えてみよう。新聞には墜落事故に関する記事がたびたび掲載される。たいていは航空機の残骸や悲嘆にくれる遺族など、記憶に残るような生々しい写真も付いている。それによって私たちは、航空機の墜落は、歩行者の死亡事故よりもずっと発生確率が高いという誤った認識を抱く。実際には道路を横断していて死亡事故に巻き込まれることのほうが多いが、交通事故死はせいぜい地元紙に載るぐらいだ。本来は道路を横断するときにもっと気をつけるべきなのに、航空機を利用するときのほうが気を揉《も》み、慎重になる。

もう一つ、リスクに関する意思決定でよくある間違いは、利得と比べて損失の影響を過大に評価することだ。行動学的実験では、損失と利得の金額が同じでも、損失を被る苦《こう》しみ《む》のほうが利得を得る喜びよりもはるかに大きいことがたびたび証明されている。私たちは一〇ポンドを獲得することより、一〇ポンドを失うことを気に病む傾向がある。これは

損失回避性と呼ばれ、幅広い意思決定場面に見られる現象であることが明らかになっている。

たとえば住宅市場だ。住宅の所有者は住宅価格が下落しているのを見ると、売却を控えるようになる。なぜなら低価格で売却すれば、損失が発生するかもしれないからだ。そこで売却の判断を遅らせるが、経済状況が悪化したり、住宅ローン金利が高騰したりして、最終的には大勢の所有者が一斉に売却せざるを得ない状況に追い込まれる。住宅市場は売却物件であふれ、皮肉なことに所有者が被る損失はずっと大きくなる。すべて損失回避性によって早く売却するという決断ができなかったためだ。

伝統的な経済学が私たちはリスクに関する情報を慎重に、一貫性を持ち、数的に比較検討するという前提に立つのに対し、行動経済学はリスク追求の人間的・心理学的側面を踏まえた理論を発展させてきた。

プロスペクト理論vs.期待効用理論

行動経済学における重要なリスク理論は、ダニエル・カーネマンとエイモス・トベルスキーが提唱したもので、それは第4章で述べた彼らのヒューリスティクスとバイアスに関する主要な概念をまとめたものとも言える。プロスペクト理論は将来のリスク見通し（プロスペクト）に関するものだ。たとえば初めて家を買う人には、二つのプロスペクトがあるかもしれない。価格は高いが便利な都心にあるマンションか、それとも郊外や田舎にある不便だが安価で大きな家を選ぶべきか。若い大学院生は、就職について二つのプロスペクトに直面するかもしれない。無給だが将来はるかに高給でやりがいのある仕事につながりそうなインターンシップと、失業の心配がなくそこそこ安定した収入が得られる仕事だ。私たちは日々、異なるリスク・プロスペクトを比較検討している。

カーネマンとトベルスキーのプロスペクト理論は、**期待効用理論**と呼ばれる伝統的経済学のリスクに対する考え方への批判から生まれた。では期待効用理論とはどのようなものか。「効用」とは幸福や満足を意味する経済学用語であり、期待効用理論は異なる選択肢があるとき、それぞれが将来もたらすと予測される効用に応じて、私たちがどのような選択をするかを説明するものだ。ただ私たちの予測能力は完璧ではなく、ときとして予測が外れることもある。

期待効用理論は行動に関するさまざまな前提にもとづいている。まず、私たちは問題に関連する入手可能な情報をすべてしっかり活用すると想定する。また比較的複雑な数的ツールを駆使して、効用を最大化すると想定する。私たちの選択は望みうる最高のものであり、意思決定時点で入手できる情報にもとづき、期待される幸福度と満足度が最も高い選択肢を選ぶのだ、と。そしてひとたび最高の選択肢が見つかれば、その後で気が変わることはない。選択に矛盾はない。オレンジよりリンゴが好きで、バナナよりオレンジが好きなら、バナナよりリンゴが好きだ。

行動のパラドックス

カーネマンとトベルスキーは期待効用理論の問題点として、よく見られる行動のパラドックスをうまく説明できないことを挙げた。たとえばアレのパラドックスやエルスバーグのパラドックスだ（ほかにもたくさんあるが）。

二〇世紀のフランスの経済学者であるモーリス・アレは、リスク下での人々の選択は往々にして一貫性を欠くことを示した。彼の名にちなんで**アレのパラドックス**と呼ばれる有名な行動のパラドックスがある。それはリスクのある結果に対する人々の反応には安定性や一貫性がないことを示している。具体的には、リスクのある選択肢ばかりが提示されたときにはリスクが高いほうを選ぶ人でも、リスクのある選択肢と確実な選択肢を提示されると、確実なほうを選ぶ傾向がある。

カーネマンとトベルスキーはこれを**確実性効果**と呼び、独自の実験によってその存在を確認した。実験では、参加者はわずかな報酬の増加（たとえば一ドル）と引き換えに、わずかな追加的リスクをとろうとするかを調べた。リスク選好に一貫性があれば、リスク追求型の人はリスクをとり、リスク回避型の人はとらないだろう。アレのパラドックスを検証するため、二人は確実な結果が保証されている選択肢を含めた。それによって普段ならリスクを追求する人の判断に歪みが生じるか見ようとしたのだ。

表1　アレのパラドックスゲーム

	どちらかの選択肢を選びなさい	
	ゲーム1	ゲーム2
選択肢1	確実に24ドルもらえる	34%の確率で24ドル、 66%の確率で0ドルもらえる
選択肢2	1%の確率で0ドル、 33%の確率で25ドル、 66%の確率で24ドルもらえる	33%の確率で25ドル、 67%の確率で0ドルもらえる

被験者には二つのゲーム（ゲーム1とゲーム2）で、提示された複数の選択肢を評価するよう求めた。あなたがそれぞれのゲームで、どちらかの選択肢を選ばなければならないとしたら、どうするだろうか。ゲーム1の選択肢は二つ。確実に二四ドルをもらう（一〇〇％の確率で二四ドルもらえる）か、受取金がゼロになる一％のリスクはあるものの、二四ドル以上獲得できる可能性に賭けるかだ。具体的には三三％の確率で二五ドル、六六％の確率で二四ドル獲得できるので、合計すると九九％の確率で少なくとも二四ドルは獲得できる。こうした選択肢を表1に示した。

ゲーム1の選択肢だけでは何もわからない。リスク回避的な人は確実に二四ドルがもらえる選択肢1を選ぶだろう。リスク追求型のギャンブラーは選択肢2を選び、受取金がゼロになる確率はわずかに増えるものの、一ドル多く（二五ドル）獲得するためにリスクを取ろうとするかもしれない。どちらの選択も期待効用理論に照らせば矛盾はない。しかしゲーム2での選択と比較してみれば**不整合**があるかどうかがわかる。ゲーム2の選択肢は表1のとおりだ。

ゲーム1とゲーム2の重要な違いは、ゲーム2は結果が確実な選択肢が一つもないことだ。ゲーム2の選択肢1は三四％の確率で二四ドルを受け取れるが、六六％の確率で何ももらえない。ゲーム2の選択肢2は三三％の確率で二五ドルと、もう少し低い確率で少し多い賞金が得られる。しかし何ももらえない確率も六七％とやや高い。つまりゲーム2は多くの点でゲーム1と似ているが、確実な選択肢がないことだけが違っている。

期待効用理論は、結果は選ぶ人のリスク選好で決まり、そこにはリスクと報酬のトレードオフがあると予測する。リスクを回避する慎重な人と、リスクを取るのが好きなギャンブラーという、タイプの異なる二人がいたとしよう。慎重な人は常に安全な選択肢を選び、ギャンブラーは常にリスクの高い選択肢を選ぶ。ゲーム1ではギャンブラーは二五ドルを獲得するために高めのリスクをとる。何も得られないリスクが高いことと引き換えに、わずかに多い報酬を狙うのだ。ゲーム2でも二五ドルを獲得するためにリスクをとる。リスク許容度が高いので、いずれのケースでも選択肢2を選ぶ。

慎重な人は逆だ。どちらのケースでも選択肢1を選ぶ。なぜならゲーム1においても2においても、何も得られない確率が小さい安全な選択肢だからだ。ゲーム1で選択肢1を選ぶのは、何も得られない確率がないということだ。ゲーム2では、何も得られない確率は選択肢1（六六％）のほうが、選択肢2（六七％）よりもわずかに低い。

現実の人々がこのゲームをすると、どんな結果が出るだろう。それ以前の研究を裏づけるように、カーネマンとトベルスキーの実験では人々の選択に一貫性がないことが明らかになった。ギャンブラーも常にリスクをとるわけではない。ゲーム１では選択肢１（安全確実な選択肢）を選びつつ、ゲーム２では選択肢２（リスクの高い選択肢）を選ぶ人は多い。カーネマンとトベルスキーはこれを確実性効果の存在を裏づける証拠と受け取った。進んでリスクをとりギャンブルをしようとする人は多いが、確実な結果を提示されると選択に歪みが生じ、追加的リスクと引き換えに高い報酬を得られる選択肢を避けるようになる。

これは私たちの日常的な選択とどう結びつくのか。何らかの賞品がかかった状況での選択に影響が出るかもしれない。カーネマンとトベルスキーは確実性効果ゲームの休暇版も考案している。一つめのゲームでは、参加者は二つの選択肢からどちらかを選ぶよう言われた。一つめは五〇％の確率で三週間のイギリス、フランス、イタリア周遊の旅が当たるという選択肢。二つめは確実に一週間のイギリス国内旅行が当たるという選択肢だ（休暇は一〇〇％保証される）。魅力の劣る国内旅行に当選する確率は、より魅力的なヨーロッパの旅に当選する確率の二倍であることに注目してほしい。ほとんど（一〇〇人中七八人）が、魅力は劣るが一週間のイギリス旅行が保証された選択肢を選んだ。

しかし休暇を賭けた二つめのゲームでは、参加者のリスク選好は高まった。二つめのゲームでも、イギリス国内旅行とヨーロッパ周遊の旅の相対的な当選しやすさは同じだったが、今回は確実な選択肢はなかった。三週間のヨーロッパの旅が当たる確率が五％だったのに対し、一週間のイギリス国内旅行が当たる確率は一〇％だった。すると一〇〇人の参加者のうち六七人が、確率の高いイギリス国内旅行より当選確率五%のヨーロッパの旅を選んだ。二つの選択肢の確率の相対的バランスは変わらなかったにもかかわらず、参加者の選好は変化し、確率が高いが魅力の劣る選択肢ではなく、魅力的だが確率の低い選択肢を選んだ。このように休暇ゲームにおける参加者の意思決定にも、確実性効果が影響しているようだった。カーネマンとトベルスキーは、その原因は**重みづけ**にあると考えた。私たちはあらゆる確率を同じようには重みづけしない。確実な結果には不確実な結果より価値を見いだす。確実性に引きずられるのだ。

カーネマンとトベルスキーが指摘した、もう一つの有名な行動のパラドックスは**エルスバーグのパラドックス**と呼ばれる。ランド研究所に勤務したこともある経済・軍事アナリストのダニエル・エルスバーグにちなんで名づけられたものだ。エルスバーグは一九七一年、《ニューヨーク・タイムズ》紙でベトナム戦争中のアメリカ政府の問題のある判断を記録した機密文書『ペンタゴン文書』を暴露した人物で、エドワード・スノーデンやジュリアン・アサンジといった今日の公益通報者やジャーナリストの先駆けだ。

エルスバーグの博士課程の研究は、リスク下の意思決定をテーマにしていた。ある実験では参加者に、壺《つぼ》のなかに九〇個のボールがあると伝えた。このうち三〇個は赤で、残りの六〇個は黒か黄色だ。ただ黒と黄色の正確な数は知らされなかった。それからエルスバーグは被験者に、壺から無作為に取り出すボールの色を賭けるとしたら、どちらの選択肢を選ぶか尋ねた。このゲームの選択肢を表2に示した。

表2　エルスバーグのパラドックスゲーム

	どちらに賭ける？	
	ゲーム1	ゲーム2
選択肢1	赤	赤もしくは黄色
選択肢2	黒	黒もしくは黄色

どちらの選択肢も基本的にほぼ同じであることに注目してほしい。ゲーム1の選択肢1は「赤」を選ぶことだ。選択肢2は「黒」を選ぶことだ。ゲーム2の選択肢は基本的に1と同じだが、「もしくは黄色」という言葉が両方の選択肢に追加されている。期待効用理論に従えば、ゲーム1で選択肢1（赤）を選んだ人は、ゲーム2でも選択肢1（赤もしくは黄色）を選ぶはずだ。ゲーム1と2で赤いボールが出てくる確率は変わらないからだ。同じように、ゲーム1で選択肢2（黒）を選んだ人は、ゲーム2でも選択肢2（黒もしくは黄色）を選ぶはずだ。

参加者は事前に必要な情報を受け取っているので、「赤」や「黒もしくは黄色」が出る確率を正確に計算できる、という解釈もある。しかし事前の情報からは、黒いボール、あるいは黄色いボールがそれぞれ出てくる確率はわからない（わかるのは黒もしくは黄色が出てくる確率だけだ）。このためゲーム1の選択肢2には曖昧《あいまい》さがある。ゲーム2の選択肢1にも曖昧さがある。たいていの人は曖昧な選択肢を避ける。これは**曖昧さ回避**と呼ばれる現象だ。曖昧な結果を回避するのはまったく不合理なことではないが、カーネマンとトベルスキーは期待効用理論では曖昧さ回避を説明するのは難しいと主張し、曖昧さ回

表3　反射効果ゲーム

	どちらを選ぶ？	
	ゲーム1	ゲーム2
選択肢1	80％の確率で4000ドルを得られるが、20％の確率で利得ゼロになる	80％の確率で4000ドルを失うが、20％の確率で損失ゼロになる
選択肢2	確実に3000ドルを得られる	確実に3000ドルを失う

避と矛盾しないプロスペクト理論の構築を目指した。

一貫性のない選択

カーネマンとトベルスキーがプロスペクト理論で目指したのは、期待効用理論に代わり、アレやエルスバーグの実験で確認された変則的行動や自分たちの実験で新たに確認された効果を説明できるような理論を構築することだ。

この新たに確認された効果とはどのようなものか。カーネマンとトベルスキーは、人は損失を回避しようとするときは積極的にリスクを取ろうとし、反対にギャンブルで利得を得ようとするときはリスクを抑えようとする傾向があることに気づいた。損失に直面したときのリスク選好と、利得を得ようとするときのリスク選好はちょうど鏡に映したように対称であることから、これを**反射効果**と名づけた。

二人が反射効果を証明するために実施した一組のゲームを表3に示した。

二つのゲームの結果は似通っている。どちらにおいても実験の参加者は、リスクの高い選択肢（選択肢1）か確実な結果（選択肢2）を選ぶ。唯一の違いは、ゲーム1は利得、ゲーム2は損失がかかっていることだ。期待効用理論に従えば、リスク選好の高いプレーヤーはどちらのゲームでも選択肢1を選び、リスクを回避するプレーヤーはどちらのゲームでも選択肢2を選ぶはずだ。しかし実験の参加者の行動は、期待効用理論が予測するこのようなパターンには従わなかった。参加者の大多数（一〇〇人中八〇人）がゲーム1では確実な結果を選んだのに対し、ゲーム2ではほとんど（一〇〇人中九二人）がリスクの高い選択肢を選んだ。損失を回避するためなら進んでリスクを取ったが、利得を得られそうなときには確実な結果を選好した。このエビデンスをもとに、カーネマンとトベルスキーは、人は損失を回避しようとするときにリスク追求的になる、という反射効果の存在を確認した。

カーネマンとトベルスキーはこれが**付随的保険**（火災、物損、盗難など特定事象の発生に付随して保険金が支払われる保険）のほうが、**確率的保険**（保険金が払われるかは確実ではなく、偶然に支配される）より好まれる原因であると考えた。

確率的保険契約では、たとえば加入者が損失発生時にそれを全額負担するリスクを引き受けると、見返りとして月々の保険料が半額になる。そして実際に損失や損害が発生すると、コイン投げによってその後の展開が決まる。加入者が支払っていなかった保険料の残り半額分を支払い、保険会社が損失を全額保証する確率が五〇％、加入者が損失を全額引き受け、保険会社は受け取った保険料を返還する確率が五〇％だ。カーネマンとトベルス

表4　隔離効果ゲーム

	ゲーム1：2段階	ゲーム2：1段階のみ
	ステージ1：ステージ2に進める確率は25％（ステージ2に進めない確率は75％）。ステージ2に進めたら、どちらを選択するか。	**どちらかを選択せよ。**
選択肢1	80％の確率で4000ドルを得られるが、20％の確率で賞金ゼロ	20％の確率で4000ドルを得られるが、80％の確率で賞金ゼロ
選択肢2	確実に3000ドルを得られる	25％の確率で3000ドルを得られるが、75％の確率で賞金ゼロ

キーは、確率的保険に加入するのは盗難警報装置を設置するのに似ている、と指摘する。いずれも契約することで損失のリスクは減るが、ゼロにはならない。しかし確率的保険を提案されても、たいていの人は加入しようとしない。リスク選好が一定であれば、リスク追求的な人は確率的保険を好むはずなのだが。

　カーネマンとトベルスキーが発見した三つめの効果は**隔離効果**だ。これは複数の選択肢に直面したとき、そのなかの重要な要素を無視することを指す。関連する情報をすべて完全に検討するのではなく、情報の一部を隔離するのだ。カーネマンとトベルスキーは隔離効果を説明するため、二種類のゲームの結果を示している。表4に示すとおり、このうち一つのゲームでは確率が段階的に積み重なっていくようになっている。

　この二種類のゲームは、プレーヤーが期待できる結果はどちらのゲームでも同一になるように入念に設定されている。それを確認するため、さまざまな選択肢の確率を考えてみよう。ゲーム1では、プレーヤーがステージ2に進める確率はわずか二五%だ。つまり七五%の確率でステージ2には進めず、賞金がゼロになる。賞金を計算するうえで、参加者は自分が賞金を得られるステージに進める確率が二五%しかないことを考慮に入れるべきだ。つまりゲーム1の選択肢1の**期待値**は、四〇〇〇ドルの賞金に八〇%の確率をかけた数（八〇%×四〇〇〇ドル）と賞金ゼロに確率二〇%をかけた数（二〇%×ゼロ）を足し合わせ、さらに二五%（ステージ2に進める確率）をかけたものになる。

25% × {(80% × $4,000) + (20% × $0)} = $800

一方、ゲーム1の選択肢2では二五%の確率でステージ2に進むことができ、そこでは確実に三〇〇〇ドルがもらえる。このため選択肢2の期待値は、三〇〇〇ドルの一〇〇%に二五%をかけたものになる。

25% × {100% × $3,000} = $750

ゲーム2では、各選択肢の期待値はゲーム1とまったく同じになるようにできている。ただステージは一つしかなく、参加者はいきなり二つの選択肢から選ぶことになる。このためそれぞれの賞金の期待値を計算するのは簡単だ。以下の二つの選択肢を比較するだけでいい。

選択肢1　20% × $4,000 = $800

選択肢2　25% × $3,000 = $750

各選択肢の期待値だけを見れば、どちらのゲームも同じであることに注目してほしい。ゲーム1も2も、選択肢1の期待値は八〇〇ドル、選択肢2の期待値は七五〇ドルだ。だから比較ができる。期待効用理論が正しければ、ゲーム1で選択肢2を選んだ人は、ゲーム2でも選択肢2を選ぶはずだ。しかし実験では、参加者の大半（一〇〇人中七八人）がゲーム1では選択肢2を選んだが、ゲーム2では大半（一〇〇人中六五人）が選択肢1を選んだ。カーネマンとトベルスキーは、参加者はゲーム1では最初のステージがあることを失念していたのではないか、と考えた。最初からステージ2に進める可能性は二五％しかないことを忘れていたのだ、と。ゲーム1の期待値を計算するうえで、ステージ1からステージ2に進める確率を含めていないのだろうというのが二人の解釈だ。ステージ1からステージ2の二つの選択肢を隔離し、自らの意識を選択的にステージ2に集中させたのだ。

プロスペクト理論の構築

カーネマンとトベルスキーは、意思決定に関する理論はここに挙げた**確実性効果**、**反射効果**、**隔離効果**という三つの効果を説明できなければならないと考えた。期待効用理論について問題視したのは、これら三つの効果を説明できない点であり、それを説明するために構築したのが**プロスペクト理論**だ。プロスペクト理論のほうが期待効用理論よりはるかに効果的に現実世界の事象を説明できると二人は主張した。

プロスペクト理論は、私たちが異なる選択肢の価値を判断する方法には一定のクセがあり、それは期待効用理論のような伝統的な経済学のアプローチとは矛盾するという考えに立脚している。プロスペクト理論の一つめの洞察は、私たちが選択あるいは意思決定するときの比較検討の方法に関するものだ。新しい携帯電話を購入するとき、私たちは特定の商品と他のすべての商品に関するありとあらゆる情報を検討したりはしない。新たに提示された選択肢と、現在の契約内容とを比較し、新しい選択肢のほうが得かどうかを判断する。私たちは選択をするとき、まったくゼロから検討を始めるのではない。選択肢を出発点、すなわち**参照点**と比較するのである。それが示唆するのは、私たちの意思決定は、入手できるすべての情報ではなく、参照点からの**変化**にもとづいているということだ。

参照点という概念は、第4章でも触れたアンカリングと調整ヒューリスティックというカーネマンとトベルスキーがすでに提唱していた概念を発展させたものだ。私たちの選択は参照点にアンカリングしたうえで、そこから調整する。現状が参照点となることが多い、というのも第4章で見たとおりだ。カーネマンとトベルスキーは、これを生理学におけるホメオスタシス（恒常性）という概念と結びつけた。私たちには生理学的なセットポイント（設定値）があり、身体的反応はそれによって決まるという考え方だ。同じ現象でも、起点が変われば、身体に及ぼす影響は異なる。たとえば暑いと思っているところに冷たい風がピュッと吹けば、気持ち良いと感じる。一方、寒いと思っているところに同じ風が吹けば不快に感じる。参照点を起点とする選択には粘着性があり、変化しにくい。私たちの日々の行動にはかなりの惰性がある。それは変化にかかる労力が大きすぎるため、先延ばし傾向のため、あるいは怠惰なためかもしれない。私たちが変化に抵抗するのは、おそらく社会経済的原因と心理的原因が複雑に絡み合ってのことだろう。

プロスペクト理論の二つめの重要な特徴は、本章の前節で紹介したカーネマンとトベルスキーの反射効果に関する洞察を発展させたもので、「私たちは利得よりも損失のほうにずっと敏感である」という損失回避性の概念と関連がある。多くの行動経済学者によると、損失回避性と現状維持バイアスの一つの現れが**保有効果（授かり効果）**だ。私たちは自分がすでに所有しており、それゆえに失う恐れがあるものを、まだ所有しておらず購入できるものよりも重視する傾向だ。ダニエル・カーネマン、ジャック・クネッチ、リチャード・セイラーは学生を被験者とするいくつかの実験により、保有効果を明らかにした。学生たちは無作為に「買い手」と「売り手」に振り分けられた。売り手は販売用のマグカップを渡された。買い手はマグカップを購入する機会を与えられた。そして売り手はいくつかの価格を提示され、その価格で売る気があるかを聞かれた。買い手はいくつかの価格を提示され、買う気があるかを聞かれた。売り手と買い手の価格には大きな差があった。売り手が受け入れる販売価格の中央値は七・一二ドル、買い手が支払うという金額の中央値は三・一二ドルだった。

このエビデンスだけでは、それが保有効果のためだと断言するのは難しい。利益を最大化しようとする売り手なら、まず法外な値段をふっかけて、それで売れないか試してみるのが当然だと思うだろう。価格交渉の過程で、売り手は希望する販売価格を下げ、買い手は希望する購入価格を上げ、均衡点に到達するまでそれが続く。しかし希望購入価格と希望販売価格に乖離《かいり》があるというエビデンスは、別の選択場面でも確認されている。

同じような乖離を研究したもう少し広がりがあるケースを挙げると、キップ・ビスクシィらは、化学中毒に対する人々の態度についての実験を行った。消費者に殺虫剤とトイレ用洗剤の容器を見せ、中毒の危険性が少ないより安全な商品に対して、いくらなら上乗せして払うか尋ねた。続いてリスクの高い商品が値引きされていたら、購入するか尋ねた。大方の経済学者なら、この二つの問いに対する消費者の回答は対称的になると予測するだろう。安全な商品に上乗せしてもよいと考える金額は、相対的に安全性の低い商品を購入する場合に期待する値引き額と同等であるはずだ、と。しかしビスクシィらの実験結果は、そうした見方を支持しなかった。リスクを抑えることに対する人々の反応は、経済理論の予測する標準的パターンどおり、すなわちリスクを抑える度合いが高くなるほど、追加で支払ってもよいという金額は低下していった。一方、化学中毒のリスクが高くなることに

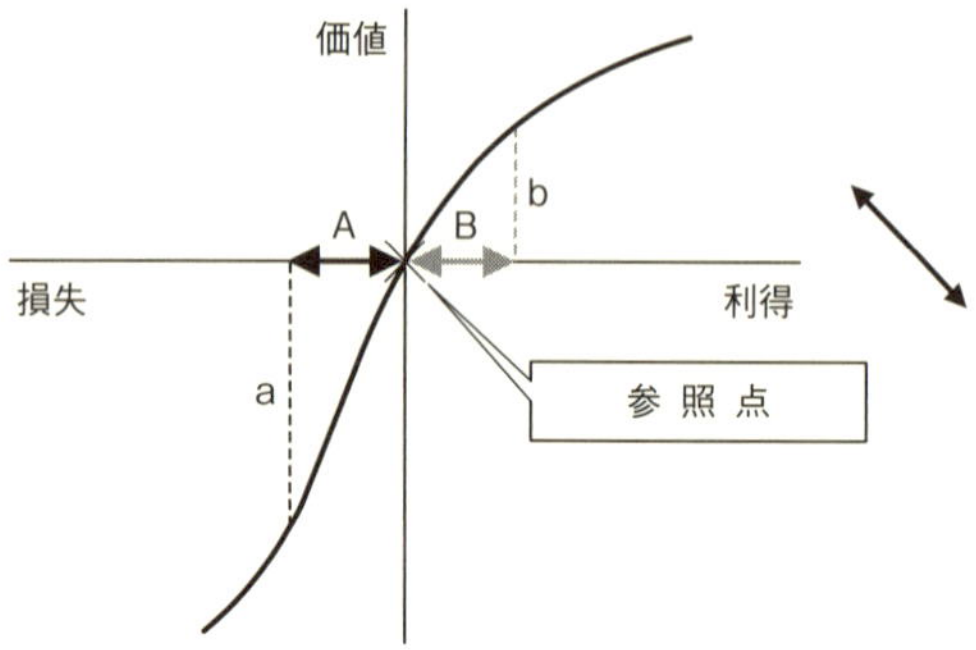

図３　プロスペクト理論の価値関数

ついては、どれだけ補償を提示しても、引き受けようとはしなかった。

カーネマンとトベルスキーはこうした洞察を、私たちが認識する価値の変化を示す**プロスペクト理論の価値関数**としてまとめた（図３）。

プロスペクト理論の価値関数からは、本章でとりあげてきた現象の多くが読み取れる。このグラフでアンカーとなっているのは参照点だ（必ずしもゼロではない）。グラフはＳ字型で、参照点を挟んで対称ではない。これは損失が利得よりも価値に大きな影響を及ぼすことを反映している。図３をじっくり見ると、損失が私たちの価値認識に及ぼす不相応に大きな影響がわかる。両矢印Ａは損失を示す。両矢印Ｂは損失と同額の利得を示す。価値関数までの点線は、損失あるいは利得が価値に及ぼす影響だ。点線ａのほうが点線ｂよりはるかに長い。つまり損失が私たちの認識する価値に及ぼす負の影響は、同規模の利得が及ぼす正の影響よりはるかに大きい。このように価値関数には、人は同規模の利得よりも損失のほうにはるかに敏感であるという回避性が表れている。一〇〇ポンドを失う不満のほうが、一〇〇ポンドを儲ける喜びよりもはるかに大きい。

後悔理論

プロスペクト理論（とそのバリエーション）は行動経済学においてきわめて影響力が大きいが、行動経済学者がよりどころとしてきた理論は他にもある。リチャード・セイラーのメンタル・アカウンティング（心理会計）理論や後悔理論だ。メンタル・アカウンティングは、プロスペクト理論から生まれたフレーミング（枠組設定）やコンテクスト（状況）といった概念を土台としているが、将来の計画にもかかわる。この理論は次章でさらに詳しく見ていく。

グレアム・ルームズとロバート・サグデンは、プロスペクト理論に代わるものとして後悔理論を提唱した。後悔理論のほうがプロスペクト理論よりもシンプルかつより直観的に、期待効用理論では説明できない行動のパラドックスや矛盾を解決できるというのだ。

後悔理論の主要な特徴はどのようなものか。まず予測能力のない私たちには知りえない将来の状態を複数想定する。今日の選択と予測できない未来の出来事の相互作用によって、最終的に自らの選択への満足度（あるいは不満度）は決まる。後悔する決定もあれば、大喜びするものもあるが、いずれにせよ後悔するか歓喜するかは私たちのコントロールがまったく及ばない将来の状況によって決定される。これが後悔理論とプロスペクト理論の重要な違いである。プロスペクト理論が将来発生しうる状態を一つだけと想定するのに対し、後悔理論は二つ（以上）の状態を想定し、そのうえで自らの幸福度の評価は、最終的にどちらの状態が実現するかと、将来の後悔に対する予想に左右されると考える。

たとえばあなたが朝、職場に傘を持っていくべきか考えているとしよう。今日の天気がどうなるかという情報は一切持っていない（予報があてにならないイギリスに住んでいるようなものだ）。傘を持っていくのはいささか面倒だ。カバンに入らないかもしれないし、うっかり者なら置き忘れるリスクもある。だが雨が降れば、苦労は報われる。つまりあなたの幸福度・満足度は、イギリスの天候というまったくあなたのコントロールの及ばないものによって決定される。雨が降れば傘を持っていくという自らの先見性を喜ぶだろう。だが雨が降らなければわざわざ持ってきたことを後悔するだろう。失くしたりすればなおさらだ。幸福度は私たちの認識、選好、選択だけで決まるわけではない。私たちがすでに何らかの選択をし、それを変更できない状態になってから発生した状況のなかで、過去の選択を後からどう判断するかによっても決まる。将来の状況に対しては何もできないが、私たちの幸福度はそれによって大きく左右される。

経済学者はもっと重大な事例も研究の対象としてきた。たとえば原子力発電所の立地選択である。原子力発電所の立地する地域で想定外の地震と津波が起きれば（二〇一一年の日本で起きたように）、計画者は自らの選択を悔いるだろう。地震が起こらなければ、自らの賢明な選択を喜ぶことになる。結果は私たち自身の選択だけでなく、私たちを取り巻く世界で発生する事象にも影響される。

第４章と本章では、ヒューリスティクス、バイアス、行動のパラドックス、そしてそれらを説明するために構築された行動学的理論に注目してきた。これまでは主に、リスク下の意思決定や選択に関連するバイアスを見てきた。ただ行動経済学では、私たちが時間のからむ意思決定をするときに見られるさまざまなバイアスについても膨大な研究がなされてきた。もちろん時間とリスクは相互に関係しあうが、入門書という本書の目的を踏まえて、次章では時間にかかわるバイアスだけに集中しよう。

第6章 時間のバイアス

第4章と第5章では、リスク下における選択に注目した。私たちの意思決定におけるもう一つの重要な側面が、時間に対する態度である。我慢強いのか、強くないのか。あるいは我慢強さは状況によって変わるのか。私たちの日々の意思決定には時間にかかわるものが多く、今日望むものが、明日望むものと同じとは限らない。私たちは時間とどう向き合うのか。また将来重大な結果につながる今日の意思決定をどのように下すのか。将来に備えて年金を蓄《たくわ》えるのが得意ではない人も多い。電気料金に悩まされる人もいる。あとから受け取る請求書への影響など考えず、少しでも暑い、寒いと思えばすぐに暖房や冷房をつけるからだ。健康維持についても、私たちは将来に備えるのがあまりうまくない。現在の不健康な生活習慣やライフスタイルは、将来の健康問題につながることが多い。

伝統的な経済理論は、**時間選好**、すなわち我慢強さの度合いが、人によって異なることを認めている。そして大方の経済学者は、時間選好は人によって異なるが、個人レベルで見れば安定していると考える。何かを今日欲しい、明日まで待てないという人は、ずっと先に同じ時間間隔（一日）について選択を求められても、同じように気の短い反応を示す、と。これが**時間整合性**である。時間に関する私たちの我慢強さの度合いは変わらず、安定している、という概念だ。たとえば私が「チョコレートケーキを今日食べるか、明日食べるか」という選択肢を与えられ、今日食べるという選択をしたとする。私に時間整合性があれば、一年先に同じ選択肢を与えられても選好は変わらないはずだ。一年後、あるいは一年と一日後にチョコレートケーキを食べるかと聞かれれば、前者を選ぶ。判断の対象が近い将来か遠い将来かにかかわらず、私の選択は変わらない。

　伝統的な経済学は、人によって選択が異なることも否定しない。たとえばケーキをできるだけ早く食べることを選ぶ人もいれば、なるべく後にまで取っておこうとする人もいる。ここにも必ずしも矛盾はない。できるだけ早く何かを消費する、お金を使うという意思決定は、とりわけお金に困っている人、あるいは死期が迫っている人の場合は完全に合理的で、矛盾はない。人々が後でより多くの報酬を得るより、金額は減ってもすぐに報酬を得ることを一貫して選好すれば、それもきわめて合理的だ。

　経済学者のジョン・ワーナーとサウル・プリーターは、軍人年金を対象とした研究で、選択には大きな個人差があることを発見した。被験者である軍人は二つの選択肢を提示された。まとまった金額を一括で受け取るか、あるいは少ない額（年金給付）を毎年、一生涯にわたって受け取るかである。その結果、将校クラスでは約五一％が一括払いを選んだのに対し、下士官クラスではその割合が大幅に高かった（九二％）。ワーナーとプリータ一がデータを分析したところ、属性の異なる集団によって大きな違いがあることがわかった。白人、女性、大卒者の集団は年払いを選択する傾向が高かった。このエビデンスからわかるのは、人によって違いがあるということだが、それ自体は時間不整合性の現れではない。伝統的な経済理論も人によって我慢強さの度合いが違うことは否定していないからだ。では行動経済学による新たな発見とは何か。

時間不整合性とは何か

行動経済学は、伝統的な経済学が想定する時間選好における整合性は、人間には（他の動物にも）当てはまらないことを示唆する心理学のエビデンスに注目する。私たちは短期的には**不相応に**気が短いが（チョコレートケーキは今日食べたいと思う）、将来計画を立てる際にはもっと気が長くなる（チョコレートケーキを食べるのを一年と一日待つのは構わない）。これが**時間不整合性**であり、遠い先の結果に対する選好は変化することを示している。時間選好は一定ではない。私たちは**現在バイアス**に陥りやすい。すなわち、後から多額の報酬をもらうより、額は減っても今すぐに報酬を受け取るほうを不相応に好む。これは時間不整合性の現れだ。

我慢強さは時間とともに変化する。我慢強くなる状況もあれば、我慢できない状況もある。たとえば今手元に一〇ポンドあり、今すぐ使うか、来週まで貯めておくか決めようとすると、今日使ってしまう可能性が高い。だがもっと遠い先のことを考えると、もっと我慢強くなれる。一〇ポンドを一年後に使うか、あるいは一年と一週間後に使うかを決めるなら、選択は変わり、一週間余計に貯めておこうとするかもしれない。目先の我慢がきかないために、一年後、一〇年後、あるいは退職後に使ったり貯めたりするお金が残っていないと、困ったことになる。

動物モデル

時間不整合性に関する初期のエビデンスには、人間と他の動物の行動の類似点に注目する**動物モデル**から得られたものもある。精神科医で心理学者のジョージ・エインズリーは、ハトの衝動制御の研究で時間不整合性を認めた。実験ではハトをカゴに入れ、赤い光あるいは緑の光が点灯したキーをくちばしでつつくと餌が出てくる仕掛けを作った。赤い光が点灯したときにキーをつつくと、餌の量は少ないがすぐに出てくる。一方、緑の光が点灯したときにつつくと、量は多いが少し待たされる。ハトたちはすぐに緑と赤のキーを押したときの報酬の違いを学習したが、その行動は衝動的だった。早く餌が出てくる赤いキーをつつくほうを好んだのだ。

しかし他の動物行動学者は、動物にもっと生産的かつ長期的な計画行動を立てる能力があることを確認している。生物学者のニコラス・マルカーイーとジョセフ・コールの観察では、ボノボやオランウータンが後で使用するために道具を選別し、保管するのが確認された。これは将来の行動を計画していることを示唆する。アメリカカケスなど他の動物も食料を備蓄する。

なぜ私たちは遠い未来のことを計画するときのほうが我慢強くなれるのだろうか。スコット・リックとジョージ・ローウェンスタインはそれを「便益の相対的明確さ」対「コスト」という観点から説明する。現在の誘惑に抗《あらが》うのは難しい。誘惑に抗うには明確な短期的コストがかかり、それが将来的目標の達成を阻《はば》む。それを示す事例はたくさんある。ダイエットをすること、ジムに行くこと、タバコを止めることなどだ。こうした目的のためには、目の前の明確な喜び（たとえばチョコレートを食べたりタバコを吸ったりすること）を諦《あきら》めなければならない。あるいは目の前の苦痛に耐えなければならない（ジムに行って運動すること）。将来の目標はずっと先のことに思えるので明確さに欠け、そのために今、セルフコントロールをするのは難しい。目の前の誘惑に対して自らをコントロールできないと、肥満、薬物やギャンブル中毒など重大な問題を引き起こすこともあり、いずれも個人、家族、公共医療制度に深刻な影響を与える。

ウォルター・ミシェルの率いる研究チームが行った有名な**マシュマロ・テスト**は、子供たちの選択にも同じ傾向が見られることを示している。研究チームは子供たちにいくつかのお菓子を見せた（その一つがマシュマロだった）。すぐにお菓子を一つ食べる誘惑に抗うことができれば、ご褒美として後でもう一つお菓子がもらえる。気を紛らわせるモノがあれば、子供たちは長く我慢することができた。また誘惑に抗うために、自分で気を紛らわす方法を編み出す子もいた。実験の結果は、子供たちの将来性とも関連していた。お菓子の誘惑に抗うことのできた子供たちは、ティーンエイジャーになったときの感情的、認知的能力も優れており、成人してからも社会的、学業的に有能だった。マシュマロ・テストはハリウッドの脚本家の想像力も刺激し、架空の事例が描かれたほどだ。映画『憧れのウェディング・ベル』ではエミリー・ブラント演じる心理学者のバイオレットが、婚約者で腕の良いコックであるトム（演じるのはジェイソン・シーゲル）を無責任だと決めつける場面がある。それは新しいドーナツが揚がるのが待てずに、誘惑に負けて硬くなったドーナツを食べてしまうからだ（映画の終盤、トムはバイオレットにそんな評価を受けていたことを知り、硬くなったドーナツを食べる理由はほかにもたくさんある、と自らの行動を弁護する）。

異時点間闘争

マシュマロ・テストや他の類似した研究のエビデンスは、私たちが誘惑に直面すると、内なる闘争が起こることを示唆する。まるで私たちのなかに二つの人格があり、自分自身と闘うようだ。我慢強い自分と我慢できない自分が、対立するのだ。経済学者のロバート

・ストロッツはジョージ・エインズリーのエビデンスをもとに、時間不整合性に関する初期の経済学的研究を行った。それはこの**個人内対立**という概念とかかわっている。ストロッツは、私たちは我慢強い自分と我慢できない自分との**異時点間闘争**に直面する、と考えた。ストロッツの説明はかなり専門的だが、異時点間闘争はかなり直観的に理解できる概念だ。たいていの人は何かを先延ばししようとする。ジムに行くのをぐずぐず先延ばしする人は多いだろう。私たちのなかの我慢強い人格は将来について、特に運動不足が将来の健康に及ぼす影響を懸念する。一方、我慢強くない人格は今の心地よい暮らしが気に入っており、ソファに座ってチョコレートやフライドポテトを食べているほうがよいと思う。最終結果は、どちらの人格が勝利するかにかかっている。

即時的報酬と遅滞的報酬に関する神経経済学的分析

神経科学ツールを使うと、**遅滞的報酬**か**即時的報酬**かの選択を迫られたときに脳内で起こる反応を見ることができる。サミュエル・マクルーアらは機能的磁気共鳴画像法（ｆＭＲＩ）を使い、酸素を豊富に含む血液が脳内とその内部の神経領域を流れる様子を観察した。研究チームはイソップ童話のアリとキリギリスの物語に着想を得て、複数人格モデルを構築した。我慢強いアリは夏のあいだ一生懸命働いて食料を集める。我慢のできないキリギリスは夏中歌って楽しむ。結末はみなさんご存じのとおりだ。冬が来て、キリギリスはアリに飢え死にしそうだから食べ物を恵んでほしいと懇願するが、アリは冬も歌って暮らせばいいと突っぱねる。

私たちが即時的報酬と遅滞的報酬のどちらかを選ぼうとするとき、内なるアリとキリギリスのあいだで異時点間闘争のようなものが起きているのだろうか。それを調べるため、マクルーアらは実験の参加者の脳をスキャンしながら、即時的報酬と遅滞的報酬の価値を評価してもらった。その結果、報酬の時期によって神経活性化に違いが見られることが明らかになった。遅滞的報酬については、高次の認知機能に関連する神経領域のほうが強く活性化していた。即時的報酬については、もっと原始的な衝動的本能に関連する領域のほうが強く活性化していた。そこで研究チームは、私たちが即時だが少額の報酬と遅滞するが高額の報酬との選択に直面すると、異なる神経プロセスの相互作用が起こる、しかもそれは我慢強く計画的な人格と、我慢ができない近視眼的な人格という複数の人格による個人内対立の現れかもしれないと結論づけた。

ただ神経経済学的エビデンスは、それほどはっきりとはしていない。ポール・グリムチャーらの研究チームは、マクルーアらの主張を検証した。グリムチャーらの実験ではすべての選択肢を遅滞的にした。報酬は一番早いものでも六〇日後まで待たなければ手に入らないことにしたのだ。実験結果には、マクルーアの実験の即時的報酬と同じパターンが見られた。そこでグリムチャーらのチームは、時間不整合性は、衝動性や複数人格のあいだの異時点間闘争の現れではない、と結論づけた。それはごくふつうの誘惑に対する反応であり、一貫性のある信念と目標を持った単一の人格によって説明できる、と。

プリ・コミットメント戦略とセルフコントロール

このようなセルフコントロールの問題には、どのような対策があるだろうか。一つは自己認識である。テッド・オドナヒューとマシュー・ラビンは、自らの行動をよく理解している人とそうではない人がいることを指摘し、二つの大まかなタイプに分類した。単純な意思決定をする人（**単純タイプ**）と賢明な意思決定をする人（**賢明タイプ**）だ。二つのタイプは時間不整合に対し、異なる反応を示す。どちらにも現在バイアスはかかるが、賢明タイプはセルフコントロール能力には限界があることを認識しており、自らを強制的に建設的な方向に向かわせるように戦略を立てる。

オドナヒューとラビンは学生に映画を観に行くタイミングを選択させる実験で、これを明らかにした。学生たちは土曜日の晩に映画を観に行こうとしているが、一カ月後に大切な論文の締め切りがあるため、これから四週間のどこか一回の週末は論文執筆に充《あ》てなければならない。そこでどの土曜日に映画に行かずに論文を書くか、学生に選択させた。実験では、各週末に上映される映画が異なるように設定した。最初の週末は凡庸な作品、二週目はそこそこおもしろい作品、三週目は名作、四週目はジョニー・デップ主演の紛れもない傑作だ。最適解は、最初の週末に論文を片づけ、四週目の傑作を含めて、二週目以降のおもしろい映画をすべて観に行くという選択だ。

学生たちに最適解を実践するのに必要なセルフコントロール能力がなければ困ったことになるが、賢明タイプならトレードオフをうまくバランスさせるかもしれない。単純タイプは将来直面するであろうセルフコントロールの問題をとことん過小評価し、最後の土曜日まで論文執筆を先送りするだろう。論文が書けていないので、一番おもしろいジョニー・デップの作品は見逃すことになる。賢明タイプもセルフコントロールの問題に悩まされ、多少論文執筆を先延ばしするかもしれない（最初の週末は凡庸な映画を観に行ってしまうかもしれない）。ただ先延ばししすぎると最高の映画を見逃すリスクがあることに気づく能力もある。だからこれ以上先延ばしすると、ジョニー・デップ映画を見逃すかもしれないと考えて、二週目には執筆を済ませるよう準備する。これは行動経済学で**プリ・コミットメント（事前拘束）戦略**と呼ばれる概念だ。賢明タイプは長期的目標を達成するために、目先の選択に制限をかけるのだ。

建設的な道を踏み外さないように自らを拘束するというのは古くから見られる現象で、古典文学にもよく登場する。ホメロスの叙事詩『オデュッセイア』で、主人公のオデッセウス（別名ユリシーズ）は、歌声で船乗りを誘惑し、座礁させる妖精セイレーンのいる海域を通過しなければならなくなる。オデッセウスは自らを船のマストに縛りつけ、船員たちには蠟《ろう》で耳栓をさせた。船員たちが船を進め、オデッセウスはセイレーンの歌声を聞いても船を沈めるような行動に出られないように手を打っておいたわけだ。J・W・ウォー

図4　セイレーンの歌声に抗うため、プリ・コミットメントを実践するユリシーズ

ターハウスがこの古典的物語を『ユリシーズとセイレーン』という作品に描いている（図4）。ユリシーズの中の先見性のある人格が生き延びるために、我慢のきかない近視眼的人格に縛りをかけたのだ。

詩人のサミュエル・コールリッジの例もある。自らのアヘン中毒が招く破滅的結果を認識し、召使に自分をアヘン部屋に行かせないよう命じたのだ。アヘンを吸いたいという自分の即時的欲求を縛るための、将来を見越した判断だ。

自然実験でも、セルフコミットメント行動が確認されている。第1章で説明したとおり、研究室実験では人工的な架空の選択を研究対象とせざるを得ないのに対し、自然実験では人々の現実の選択や行動を見ることができる。デラヴィーニャとマルメンディアは、スポーツジムの会員に関する現実のデータを研究した。利用記録を見ると、会員は年会費として数千ドルを支払いつつ、一〜二回しか利用しないことがわかった。ジムが提供する、都度払いのオプションを選択すれば、相当な金額を節約できるにもかかわらず、である。めったに使わないジムに高額の会費を支払うのは愚か者だけだと思うかもしれない。だがこのような行動をとる人は多く、それほど愚かともいえないかもしれない。これをプリ・コミットメント戦略と見る行動経済学者もいる。ジムに高額な会費を支払うことで、我慢のできない自分に短期的にも責任ある行動をとらせようとしているのかもしれない。我慢強い自分が、多額の現金を支払えば近視眼的な自分もそれを無駄にするまいと思うかもしれない、と考えるのだ。

今日の企業は、私たちのセルフコントロールは完全ではないという洞察を踏まえたサービスを提供している。目先の誘惑に抗うのは難しく、それに打ち克《か》つためならお金を払ってもよいと考える人は多い。ダイエットや禁煙支援といった業界には多くの事例がある。最近の例を挙げれば「eシガレット」だ。朝なかなか起きられないという人は、動く目覚まし時計を買うという選択肢もある。その先駆けである「クロッキー」という目覚まし時計は、部屋中を走り回るので、アラームを止めるためには追いかけなければならない。捕まえるころにはしっかり目覚めているはずだ。

インターネットの世界にも、「ビー・マインダー」や「スティック」といったプリ・コミットメントをサービスとして提供する企業がある。スティックは金銭的インセンティブを使って、人々がセルフコントロールの弱さを克服するのを支援するサービスだ。スティックのユーザーは、ネット上で自らの目標を設定する。これが「コミットメント契約」の基礎となる。ユーザーがコミットメントを達成しないと、課金され、それがあらかじめ選択しておいた受益者に振り込まれる。たとえば最も嫌いな慈善団体を受益者に選んでもいい。民主党員のユーザーは、目標を達成できなければ、共和党に寄付するよう設定することもできる。スティックが機能するかどうかは、参加者が正直であるかどうかにかかっている。そもそも不正直であるというのも、近視眼的態度の現れであることが多い。ユーザーが正直か否かを確認するのはおそろしく困難でコストがかかることを考えれば、スティックが水も漏らさぬ厳格な契約でユーザーを縛ることは難しいだろう。

ビー・マインダーも同じようなサービスだが、その土台となるビジネスモデルは異なる。ビー・マインダーはユーザーが新しい情報に合わせて目標を柔軟に変化させていく「柔軟なセルフコントロール」ができるよう支援するサービスで、「かなり挑戦的態度で」実績を追跡する。スティックと同じように、ユーザーはビー・マインダーとのコミットメント契約の基礎となる目標を設定する。目標を設定できなければ、ビー・マインダーは課金する。こうしたサービスは強力な効果を発揮する可能性がある。テクノロジーを駆使して、スティックが厳格さを欠く原因となっているユーザーの不正直さという問題を克服できればなおさらだ。本当に真剣なビー・マインダーのユーザーは、運動量の目標を、「フィットビット」や「アイウォッチ」といった活動量計のデータと連動させることもできる。テクノロジーがお目付け役となるのだ。

行動学的ライフサイクル・モデル

私たちがお金を貯めるのが不得手《ふえて》で、年金貯蓄として退職後の生活資金を賄《まかな》うのに十分な額を蓄えられなければ、政府の予算や債務にも影響が出る。こうした傾向は行動学的ライフサイクル・モデルのなかで研究されてきた。行動学的ライフサイクル・モデルは、私たちはクレジットカードの利用額を管理するより、金の卵、すなわち年金貯蓄や住宅といった非流動資産を管理するほうがはるかに得意であるというデビッド・レイブソンの洞察を発展させたものだ。

行動学的ライフサイクル・モデルは、時間不整合性に関する行動学の知見を、時間整合性を前提とする伝統的なライフサイクル・モデルに取り込み、貯蓄、投資、消費のパターンがライフステージに応じてどのように変化するかを考察するものだ。ジョージ・マリオス・アンジェレトスらはこのモデルを使い、なぜ多くの人が多額のクレジットカード債務を抱えながら、同時に住宅や年金といった多額の非流動資産を抱えてしまうのかを説明した。

一因と考えられるのが取引コストだ。クレジットカードの負債を返済するために家を売却するのは、複雑で割高な手続きになる。クレジットカードは予想外の支出を賄うための緊急避難策である。だがアンジェレトスらは、取引コストだけでは理由として不十分だと考えた。そこで現代人の平均的人生に即した想定にもとづき、支出と貯蓄のパターンをモデル化した。たとえば最長九〇歳まで生き、平均四三年間働き、親元から独立して結婚し、家族を持ち、退職するあいだに世帯規模が変化するといったことを想定した。それから金利や就業率といった現実の主な変数を当てはめ、シミュレーションモデルが現実の支出や貯蓄のパターンと近似するようにした。その結果は時間不整合性を前提とする行動学的理論を裏づけるものだった。時間不整合性を織り込んだモデルのほうが、時間整合性という伝統的経済学の想定を織り込んだモデルより、現実のマクロ経済の動きと合致していたのだ。

選択のブラケッティング、フレーミング、メンタル・アカウンティング

今日消費するか、あるいは明日消費するかを決定するうえで、意思決定のコンテクスト（状況）がきわめて重要な役割を果たす。第５章で説明したとおり、たとえばある決定が損失としてフレーミング（枠組設定）されると、利得としてフレーミングされたときとは最終的な選択は変わってくる可能性がある。選択がどのようにブラケッティング（ひとまとめ）されるかは、最終的判断に影響を及ぼす。これが一見不整合な選択を説明する、**選択のブラケッティング**と呼ばれる概念の基礎となっている。私たちはたくさんの複雑な、相互に関連する意思決定を迫られたとき、それらをひとまとめにすることで作業を単純化することがある。

リチャード・セイラーはこうした知見を**メンタル・アカウンティング**の理論構築に取り込んだ。メンタル・アカウンティングは私たちが貯蓄できるはずの、あるいは貯蓄すべき金額を必ずしも貯蓄しない理由を説明する。フレーミング、参照点、損失回避性はすべて、支出や貯蓄の可能性についての認識に影響を及ぼす。セイラーの定義によるとメンタル・アカウンティングとは、私たちが金融に関する意思決定を整理し、評価し、追跡するのに使う一連の認知的操作である。私たちにとってお金はすべて等価ではない、とセイラーは主張する。お金はいつ、どこで使うかにかかわらず、まったく同じ価値がある**代替可能物**

とは認識されていない。お金をどう考え、どのように使うかは、それをどのような状況で獲得するか、あるいは稼ぐかによって決まる。私たちにはいくつかの心理的な勘定（アカウント）があり、勘定によって選択は異なる。たとえば幸運な出来事によって得たお金（宝くじの当選金など偶然手に入ったお金）は「たなぼた勘定」に入る。所得勘定には働いて稼いだお金、非流動資産勘定には貯蓄するお金が入る。

お金に関する意思決定は、それがどの勘定に入ると認識するかに影響される。宝くじの当選金なら、散財するかもしれない。同じ金額を一生懸命働いて稼いだら、貯蓄する可能性が高い。クレジットカードを使ってネット通販で多額の買い物をしたら、それは何らかの面で現金払いより得だと認識したことになる。私たちはクレジットカードによる支払いを現金によるそれとはまったく別物として扱う。これも将来計画が不得手であることの現れかもしれない。

メンタル・アカウンティングがはたらくという事実は、経済的意思決定に対する私たちの評価が状況に左右されることを意味する。頭のなかでさまざまな選択をひとまとめにし、結びつける。取引に対する評価は、買おうとしている商品だけで決まるわけではない。買い物のプロセス、あるいはお買い得品を見つけること自体に価値があることもある。セイラーはその例として、キルトを買う女性の例を挙げる。大きさにかかわらずすべての商品が同一価格だとすると、たいていの人はたとえ自宅のベッドには大きすぎても、一番大きなキルトを買う。

コリン・キャメラーらは、他の分野のブラケッティングの例を研究した。ニューヨークのタクシー運転手による、収入のブラケッティングとターゲティング（目標設定）だ。研究チームはタクシー会社から運転手の日々の運転記録を入手することができたので、運転手の働き方のパターンや収入を調べた。伝統的な経済理論では、タクシー運転手は収入を最大化しようとすると考える。仕事がたくさんある日はたくさん稼ぎ、あまり需要がない日はそれほど稼がない、と。だが研究の結果、驚くべき事実が明らかになった。タクシー運転手は仕事がたくさんある日にたくさん稼いでいるわけではなかった。収入の最大化を目指すのではなく、一定の目標に向けて働いており、忙しい日には早く仕事を切り上げていたのだ。

キャメラーらは別の説明も考えた。タクシー運転手はプリ・コミットメントの一形態として、収入の目標を設定していたのではないか、というのだ。運転手が長期間にわたって安定的に稼ぐというプリ・コミットメントを立てていれば、忙しい日に長時間働こうとはしないだろう。我慢のできない自分が臨時収入をくだらないモノに使ったり、飲み歩いたりするかもしれないからだ。日々一定の目標を掲げ、仕事があまりない日は長く働き、忙しい日には短く切り上げるようにしていれば、浪費の誘惑にかられることなく、仕事が早く終わればさっさと家に帰るかもしれない。

時間不整合性に関する洞察は、発展途上国にも応用されてきた。エスター・デュフロ率いる研究チームは、さまざまな無作為化比較試験（ＲＣＴ）を使って、貧しい農村部の農業生産の改善を目指してきた。第１章で説明したとおりＲＣＴは、医学で医薬品や他の医学的介入の効果を検証するために臨床試験で用いられている手法を応用したものだ。ＲＣＴでは実験の参加者は二つ以上のグループに分けられる。治療群と対照群だ。対照群の参加者は何の介入も受けない。治療群は政策的介入を受ける。そして介入に効果があったか否かを検証するため、治療群の成果を対照群のそれと比較する。

ある実験では、ケニアの農家の肥料購入に注目した。貧しい農村部において肥料は比較的高価だが、農家の人々が貯蓄できれば、肥料代という少額の固定費を支払うことができる。ただ途上国の貧しい農村部でよく見られる問題は、貯蓄を可能にする金融インフラ（銀行など）が存在しないことだ。貯蓄ができなければ、農家は収穫期まで収入が入らず（よくある経済問題だ）、また前年の収穫期の収入を貯めておくこともできないため、肥料の購入資金が手元にないかもしれない。もう一つ問題となるのは、農家の人々の現在バイアスで、そのために肥料の購入をぐずぐずと先延ばしするかもしれない。その場合、もっと早く肥料を購入した場合と比べて、農産物の収穫は大幅に少なくなるだろう。現在バイアスを克服するために期間限定で少額の値引きをしたら、しかもそれを農家の手元に現金がある収穫期直後に行ったら、必要な肥料を購入する可能性が高まり、農業生産性や年収は大幅に高まりそうだ。

　心理学者、神経科学者、進化生物学者、そして行動経済学者や経済心理学者による時間不整合性や現在バイアスに関する研究は、行動経済学のなかでもとりわけ重要な研究分野だ。誘惑に抗うのが難しいことは誰もが知っている。人は常に長期的な幸福度を高めるような賢明な判断ができる、という非現実的な前提にもとづく伝統的な経済学のモデルは、あまり役に立たない。なぜ多くの人が長期的に自らの利益を最大化するような行動をとらないのか、それに対してどのような手を打つべきかを理解することは、行動経済学者や政策立案者にとって重要な課題である。時間不整合性に関する研究は、そうした議論に多くの示唆を与える。

第7章 性格、気分、感情

経済学では通常、私たちはみなとことん賢明で、容易に正しい選択ができると想定する。しかしここまで見てきたとおり、心理的バイアスのために私たちは伝統的な経済学が予測するより頻繁に間違いを犯す。これまで本書ではその背景にある心理的要因にあまり注目してこなかったが、本章では性格、気分、感情といった心理的要因がなぜ、またどのように私たちの経済的、金融的意思決定に影響を及ぼすかを説明する。

本章では性格や感情がキャリアや学業、金融にかかわる意思決定に重大な影響を及ぼすことを見ていく。世の中にはスリルを求める人もいる。エクストリームスポーツやギャンブル、あるいは金融トレーディングといったリスクの高い行動を好んで求めるタイプだ。一方、常に安全な選択肢を選ぶ、リスク回避的な慎重な人もいる。セルフコントロールと関連性の高い性格的特性を備えた人は、すぐにお金を使ってしまおうとする誘惑に抗うことができる。教育や就業についても、賢明な意思決定ができる。

性格や感情の影響をとらえるのが難しいのは、経済的状況が心理状態にはね返ってくることもあるからだ。気分や感情は意思決定に影響する。私たちは性格によって特定の気分や感情を抱きやすい。落ち込みやすい性格の人は、経済取引で騙されたら、落ち込んだり憤ったりしやすい。衝動的な人は怒りを感じやすく、同僚、友人、家族とよく衝突し、それは人生においてどのような機会に恵まれるかにも影響を与えるだろう。

性格を測定する

経済学者は性格という要因をなかなか分析の対象に含めなかった。性格を測定するのが難しいのも一因だろう。心理学にはさまざまな性格テストがあるが、少なくともこれまで経済学者が取り入れたものは比較的限られている。行動経済学で最もよく使われるものの一つが「ＯＣＥＡＮテスト」である。ポール・コスタとロバート・マクレイが考案したもので、新たな経験への開放性（Openness to experience）、誠実性（Conscientiousness）、外向性（Extraversion）、協調性（Agreeableness）、情緒安定性（Neuroticism）という性格の五因子をとらえる「ビッグファイブ・モデル」にもとづいている。

行動経済学では、認知機能テストもよく使われる。性格に関する認知機能テストにはいろいろな種類がある。歴史があり、よく知られているのがハンス・アイゼンクのＩＱ（知能指数）テストだ（とりたてて正確なわけではないが）。研究時間が限られているときに使えるのが、シェーン・フレデリックが考案した認知反射テスト（CRT）だ。そこではこんな質問が使われる。「バットとボールの合計額は一ドル一〇セントである。バットはボールより一ドル高い。ボールの値段はいくらか」（じっくり考えていただきたい。答えは巻末の文献案内を参照）。CRTは認知機能を測定するためのものだが、時間選好とリスク選好とも相関性がある。直観的に答えに飛びつく人（なかには非常に知能の高い人もいる）は、気が短いので、正解を慎重に考える時間を自らに与えないのだ。

性格的特性を把握するのは容易ではない。その手段として通常は自己申告の質問票が使われるが、それはさまざまなバイアスの影響を受けやすい。実験の参加者は、自らをよく見せるような答えをしよう、あるいは実験者が感心するようなことを言おうとすることが多い。被験者の性格とパフォーマンスの相互作用が、実験結果に影響を与えることもある。たとえば神経質な人は認知テストで緊張しやすく、低い成績が出る可能性がある。それは能力が低いためではなく、テストという状況によって動揺するためだ。IQテストには労力がかかるので、成績が低いのは能力が低いためか、意欲が低いためか、あるいはその両方かを見きわめるのは容易ではない。実験に有償で参加してもらうか否かも、性格測定の結果に影響を与える。IQテストを受ける子供にお菓子をあげると、テストの結果は良くなる。お菓子によって賢くなるためではなく、もっと頑張ろうという意欲が高まるためだ。大人も動機づけの影響を受ける。情緒が安定した誠意ある被験者なら、金銭的報酬などの外的インセンティブを追加してもそれほど影響を受けないので、彼らの認知機能を測定するほうが容易かもしれない。

性格と好み

性格が測定できたとしたら、そこから経済学的に何がわかるだろうか。経済学者は人々の選択は好みに左右されると考える。そこには性格も影響している。たとえば思いやりのある人は、利他的な選択をする可能性が高いだろう。衝動的な人は気が短く、退職後の将来に向けてお金を貯めるのが不得手かもしれない。冒険心のある人はリスクをとる可能性が高く、ギャンブルをする、リスクの高い仕事に就くといった特徴的な選択をするはずだ。

遺伝子も一定の役割を果たす。デビッド・チェザリーニらは双生児、すなわち一卵性双生児（同一の遺伝子を持つ）と二卵性双生児（遺伝子は異なる）を研究した。二つのグループを比較することで、リスク選好には遺伝と環境のどちらのほうが影響するかを調べたのだ。その結果、寛大さやリスク追求的行動の差異のうち、遺伝的要因によって説明できるのはわずか二〇％に過ぎないことがわかった。ある研究では被験者の自信の強さの違いを調べたところ、遺伝子の構成に起因するのは一六～三四％だった。別の研究で年金貯蓄計画を調べたところ、被験者が選んだ金融ポートフォリオのリスクの高さの違いのうち、遺伝的要因に起因すると見られるのは二五％だった。

性格と認知

性格は経済的・金融的意思決定や選択に影響を与える。意思決定には多少の思考が求められることが多い。性格的特性は認知能力に多大な影響を与え、また認知を通じて選択を左右する。その影響は通常、学業成績や仕事での実績、ソーシャルスキルといったかたちで一生涯にわたって表れる。誠実な人に我慢強い傾向があるなら、退職後に備えた貯蓄や、高い教育を受けるといった自分への投資にも積極的かもしれない。

第6章ではウォルター・ミシェルのマシュマロ・テストで、子供がセルフコントロールを発揮して誘惑に打ち克つ能力と、将来どれだけ成功するかに相関があるというエビデンスが示されたことに触れた。ミシェルらは、誘惑に抵抗できた子供たちのほうが、その後の人生でも成功していることを明らかにした。他の研究では、誘惑に抗えなかった子供たちのほうが、その後の人生で犯罪に手を染める可能性が高いことが示されている。

レックス・ボーガンズらも性格と人生の成功について、かなり突っ込んだ研究をしている。そこでは誠実さは学業成績、仕事の能力、リーダーシップ、長寿と相関関係があるという結果が出た。しかし経済生活や社会生活での成功を確約するような、特別な性格的特性の組み合わせがあるわけではない。状況が変われば、好ましい性格的属性も変わる。一般的に職場では、信頼できる同僚が好まれる。パーティではユーモアがあるかどうかのほうが重要だ。仕事によって適した性格も違う。病気になったときには、思いやりや信頼感があり、しかも兆候と診断を容易かつ正確に結びつけられる優れた認知能力を持った医者にかかりたい。レストランでは独創的でひらめき型のシェフを好む。気分屋で想像力豊かで、情熱的な性格のほうがおいしい料理を作れそうだ。ただ、かかりつけ医が気分屋で想像力豊かで激しやすいというのは困る。

子供時代の性格

性格はかなり幼い時期から、私たちの人生に影響を与える。そして年少の子供たちの性格や認知力は、外部の影響を受けやすい。環境は重要な影響要因だ。レックス・ボーガンズらの研究では、社会経済的地位の高い両親の養子となった子供たちは、社会経済的地位が比較的低い両親の養子となった子供たちより、ＩＱの伸びが大きかった。恵まれない環境の子供たちに良質な保育施設や家庭訪問を提供するのも効果的だった。こうした介入は、子供たちの認知的能力を高めることを目的としていたが、社会的能力や人格的能力を高めることにも効果が認められた。適切に設計された教育的介入は、子供たちが努力や練習を必要とする複雑な能力を伸ばすのを支援する。こうした能力を獲得した子供たちは、その後の人生でより大きな経済的成功を収められるようになることが期待される。

幼少期の能力開発の成否においては、認知的能力やＩＱと同じように、性格や意欲もきわめて重要な役割を果たすことがある。ノーベル経済学賞を受賞したジム・ヘックマンらは、「ハイスコープ・ペリー・プリスクール・スタディ」と呼ばれるアメリカの教育的介入に関する調査で得られたエビデンスをもとに、こうした要因の影響を調べた。ハイスコープはアフリカ系アメリカ人の貧困層の子供たちのために計画されたプロジェクトだ。カリキュラムはアクティブラーニングや自由回答形式の問題解決を通じて、子供たちの認知的能力や社会情動的能力を伸ばすことに力点を置いた。ヘックマンらは、子供たちのその後の成功度合いを調べ、結果を対照群（介入を受けなかった子供たち）と比較した。

この介入による効果は子供たちの年齢が高くなるにつれて低下し、また他のグループと比べて貧困層の子供たちのほうが恩恵は大きかった。ヘックマンらは、介入の恩恵は大きかったと判断した。プロジェクトの対象となった子供たちは、大人になってからもはるかに好ましい人生を送っていた。犯罪歴が付いたり、生活保護に頼ったりする傾向は低かった。学業、就業、収入の面でも成功していた。ヘックマンらの推計では、ハイスコープの介入という投資の総合リターン（収益率）は、約七〜一〇％だった。今日、先進国政府の多くは一％以下の低金利でお金を借りられる。ヘックマンらの推計が正しければ、政府が借金をして貧困層に的を絞ったこうした教育的介入に投資することは、国民のお金の賢い使い道と言えるだろう。

感情、気分、直感的要因

ヤン・エルスターは気分や感情が経済的な意思決定にどのような影響を及ぼすかを研究したパイオニアの一人だ。気分と感情の違いとはなんだろう？　エルスターの定義によると、感情には対象がある一方、気分はもっと散漫で対象が明確ではない。また気分は集団として感じることもあり、そうした意味では気分は感情と比べて個人の性格的特性に影響されにくい。気分については、マクロ経済の変動や金融市場の不安定化の主な要因である自信や社会の空気と結びついていることもあり、次章でマクロ経済を考察する際にもう少し詳しく述べる。

感情（とりわけ社会的感情）は基本的な本能と比べれば高度なものと言えるかもしれない。それでも経済学者は、感情を意思決定における非合理的要素と見ることが多い。エルスターらはこうした前提を疑問視し、感情と合理性は相互補完的なこともあると主張した。私たちが何かを決めかねているとき、感情が「決定打」となることもある。感情の働きは迅速なので、効率的に意思決定をする助けとなることも多い。だがそれほど役に立たないこともある。たとえばリスクの高い不確実な状況に直面して恐怖を感じた場合、行動しなければならないのに動けなくなってしまうことも多い。

感情ヒューリスティック

感情は経済的・金融的選択に複雑な影響を及ぼすが、感情とヒューリスティクスを結びつけると、こうした複雑なかかわりを理解しやすくなる。第4章で説明したとおり、ヒューリスティクスは迅速に意思決定をするためのルールであり、優れた判断につながることも多いが、失敗の原因となることもある。私たちが利用可能性ヒューリスティックを使い、簡単に思い出せる情報だけに集中し、それほど記憶に残らないものの実は重要で客観的な情報を無視したとき、バイアスが生じる。そこには感情もかかわっている。感情は客観的事実や数字と比べて、入手したり利用するのは簡単だ。感情は鮮明であることが多く、記憶に残りやすい。迅速な無意識の反応とも結びついている。感情は記憶にも影響し、何を記憶し、何を忘れるかを左右する。このように私たちは行動の指針として感情を使う。感情は**感情ヒューリスティック**と呼ばれるヒューリスティクスの一類型に不可欠な要素なのだ。

感情や感情ヒューリスティックは、認知的プロセスにも干渉することがある。広告業界や扇情的メディアはこれを都合よく利用する。鮮明なイメージは記憶に残りやすい。たとえば私たちは飛行機のハイジャック事件や墜落事故といった鮮明な恐ろしい場面を見ると、実際には飛行機より電車のほうが事故のリスクは高いのに、飛行機に乗るのを避けようと思ったりする。恐ろしい自動車事故を目撃した人は、そのときの感情的反応にもとづいて、運転のリスクに対して誤った認識を抱くこともある。その結果、歩行者が事故に遭《あ》う確率のほうが高いのに、車を運転するのはやめようと決意したりする。

基本的本能と直感的要因

エルスターは感情を**直感的要因**と区別する。直感的要因は、空腹や喉の渇きといった基本的本能と結びついている。それは生得的なものであり、意識的コントロールとは無関係に働くことが多い。迅速な意思決定を支援するという意味では、直感的要因は感情と似ている。人間の生存と基本的な日常生活を送るうえで欠かせないものだ。ただ原始的かつ生得的で、感情ほど進化していないこともあり、その影響はきわめて強力で、他の目的を阻害することもある。

感情と直感的要因がどのように自己破壊的行動につながるかをとりわけ熱心に研究してきたのが、心理学者のジョセフ・ルドゥーと行動経済学者のジョージ・ローウェンスタインだ。ローウェンスタインは、私たちは直感的要因の影響を受けているときほど近視眼的で利己的になり、その影響が強いときほど利他的ではなくなると主張する。直感的要因は、共感能力も阻害する。他人のために何かを決めるとき、相手の直感的要因を無視したり過小評価したりする。相手も自分と同じように直感的要因の影響を受けるだろうと思い込み、相手の直感的要因がその行動に及ぼす影響を過小評価する。

リスク追求や中毒のような自己破壊的行動に走る理由も、直感的要因によって説明できる。こうした問題が起こる一因は、今日の人工的環境のなかで直感的要因が助長されるためだ。コンピュータやインターネットのようなテクノロジーのおかげで、私たちは遠い昔の祖先と比べて、はるかに迅速に意思決定ができるようになった。先進国の大方の国民にしてみれば食料は豊富にあり、それを購入して食べることは簡単だ。中毒性の薬物やアルコールも同じである。今日の世界においては、もはや迅速な本能的衝動は望ましくない、あるいは必要ないのかもしれない。直感的要因が自らの意思決定に及ぼす影響に無自覚で、それを過小評価や無視することによって問題はさらに深刻化する。

要するに、直感的要因は私たちの意思決定や選択に、不可解で複雑な影響を及ぼすことがある。高次の認知機能と競合したり、他者との相互作用や関係をぶち壊しにすることもある。この点について、神経科学者のジョナサン・コーエンは比較的楽観的な見方をする。進化という観点に立つと、私たちはかなりの適応力を発揮してきた。理性や自制心は社会的・身体的環境の激変にともなって進化を遂げ、昔ながらの感情的プロセスはテクノロジーの進歩にうまく適応できなかった。衝動的な感情的反応は、人間が狩猟採集を生業《なりわい》としていた頃には生存に重要な役割を果たしていたのだろう。基本的資源は不足し、すぐに腐敗してしまったため、餓死しないためには本能に従って迅速に行動することが不可欠だった。現代社会の状況においては、こうした本能が有益な役割を果たすどころか、むしろ中毒など好ましくない行動につながる恐れがある。

ただコーエンはこうしたさまざまな不適応にもかかわらず、進化によって脳は「柔軟」になり強化されたので、理性と自制によって原始的な感情的反応とのバランスを取ることが可能になったと主張する。おかげで人間は、第６章で見てきたようなプリ・コミットメントの方法を編み出してきた。計画的な貯蓄商品、禁煙用のニコチンガム、電子タバコなどがその例だ。このように私たちの脳は、衝動的で自己破壊的な感情的意思決定の影響を緩和するように進化してきたのだ。

ソマティックマーカー仮説

神経科学者のアントニオ・ダマシオも、感情が選択に及ぼす影響を比較的肯定的に見ている。感情は身体反応として表れる、重要な生理的シグナルと結びついている。ダマシオはこれを**ソマティックマーカー**と呼ぶ。ソマティックマーカーに含まれる知識は感情を通じて脳に伝達され、それが優れた判断を迅速に下すのに役立つこともある。すでに述べたとおり、感情ヒューリスティックを動かすのは感情だ。

ソマティックマーカーは意識的思考の結果である場合もあるが、たいていは無意識のうちに機能する。たとえば火傷《やけど》を負ったことがあれば、火を見たときに恐れを感じ、近づかないようにする。これはソマティックマーカーが感情に転換され、それが行動を引き起こす一例だ。もっと意識的なソマティックマーカーもある。たとえば企業家が「この投資はうまくいく」となぜか本能的にわかる、そんな勘がそうだ。ある意味では、勘は選択や先行きについての意識的感情を反映したものだ。たとえば医師が明確な理由は説明できないが患者が特定の病気だと感じるなど、専門家に勘が働くとき、それはその人の知識と経験がすべて感覚あるいは直感として表れているのだ。

ダマシオらが研究対象としたのは、脳に損傷を受けた患者だ。その一人が史上最も有名な脳障害患者であるフィネアス・ゲージだ。ゲージはアメリカの鉄道会社で働いていた。ある日、鉄の棒がゲージの脳を貫通した。ある意味では非常に幸運だったと言えるだろう。回復し、外見上は明らかな損傷もなかったからだ。しかしこの事故によって前頭葉《ぜんとうよう》（通常、高次の認知機能に関連があるとされる）が損傷を受けた。その結果、性格が激変しただけでなく、仕事の能力も阻害された。最終的には仕事を失い、さまざまな経済的・感情的問題に悩まされた。ダマシオは自らの患者にも、同じようなパターンが見られることに気づいた。たとえば脳腫瘍の切除手術によって前頭葉が損傷を受けたエリオットという患者だ。ゲージと同じように、エリオットの基本的な認知能力にはそれほど問題はなかったが、極端にこだわりが強くなった。感情的反応が阻害され、社会生活に影響が出たのはもちろん、経済生活にも問題が生じた。さまざまな選択肢に直面したとき、判断を下すのが非常に困難になったためだ。これは通常私たちが何かを選択するとき、感情が一定の役割を果たすためだとダマシオは考えた。エリオットの感情的反応が損なわれたことが、選択や意思決定ができなくなったこととつながっていたのだ。感情的反応が制約されたことで、仕事での生産性にも重大な悪影響が出た。

しかし、行動を感情的要因と結びつけるのは難しい。それは感情を測定あるいは観察するのが容易でないためだ。ダン・アリエリーの研究チームは感情の影響を調べる斬新な手法を考案した。実験の参加者にカラーとモノクロの二種類の視覚情報を与えるのだ。カラー写真のほうが鮮明なので、より強い感情的反応を引き起こすのではないか、と考えた。また先行刺激を与える**プライミング**によって参加者の認識を操作した。過去に感情が優れた意思決定に役立った状況を思い出してほしい、と指示したのだ。さらに過去に認知能力が優れた選択をするのに役立った状況を思い出してほしい、とも指示した。そのうえでさまざまな製品についていくつか選択させた。その結果、自らの認知能力にあまり自信がない人は、感情に頼る傾向があることが明らかになった。自らの感覚を信じる人も、感情に頼る傾向があった。カラー写真を見せられたときは、感情に頼る傾向が強まった。さらに研究チームは、強い感情的反応を引き起こすような製品について意思決定をするときほど、参加者はより一貫性のある選択をすることを発見した。このエビデンスは、感情には好ましい影響もあり、優れた意思決定を支援することもある、というアントニオ・ダマシオらの感情に関する洞察を裏づけるものだ。感情は不合理ではない。

二重システム理論

感情が有益かどうかをめぐっては、これだけ異なる見解がある。どうすればその折り合いをつけることができるだろう。混乱や一見矛盾と思われるものの一部は、**二重システム理論**によって説明することができる。これは感情・情緒と認知との相互作用に関するものだ。ダニエル・カーネマンは著書『ファスト&スロー』で自らのこの分野における研究成果をまとめ、さらに第4章と第5章で見てきたエイモス・トベルスキーとのヒューリスティクス、バイアス、プロスペクト理論に関する研究と結びつけている。カーネマンは思考プロセスをある種の地図のようにとらえ、二つの異なる意思決定システムが存在すると考えた。無意識的で速く直観的な**システム1**と、認知的で意識的で制御された**システム2**である。

行動経済学では二つのシステムを使った思考について膨大な研究がなされ、いまなお増え続けている。そしてその影響を理解するため、多くの実験が考案されている。第2章で触れたインセンティブとモチベーションに関する研究をもとに、ダン・アリエリーらは金銭的インセンティブがパフォーマンスを阻害するという説を唱えた。金銭的インセンティブがあることで、有効な無意識的プロセスに集中できなくなってしまうからだ。たとえばプロスポーツ選手は、自分のプレーについてあまり考えすぎないほうがうまくいく傾向がある。テニスのウィンブルドン選手権のような高額賞金のかかった有名な大会では、**プレッシャーに潰される**という現象が起こる。アリエリーの研究チームは、アメリカとインドでいくつか実験をした。参加者にさまざまな作業を与え、成績に応じて報酬を支払った。ただ一番高額の報酬を支払ったグループの成績が、必ずしも一番良かったわけではない。研究チームは、参加者は多額の報酬がかかったことでプレッシャーに潰されたのだろう、と考えた。報酬によってよこしまな感情的反応が起こり、それが感情と認知の対立を引き起こし、うまく作業ができなくなったのだ、と。

行動経済学者のなかにはこれを、ローウェンスタインとルドゥーが提唱した中毒に関する直感的要因理論に代わるものという見方もある。どちらの理論も、ゲリー・ベッカーをはじめ主流派経済学者の唱える**合理的中毒理論**に代わるものだ。合理的中毒理論は、中毒を含めて私たちの行動の多くは合理的選択の結果であると考える。これは現実の中毒体験に照らすと、受け入れがたい。二重システム理論のほうが、中毒の原因を直観的な説得力を持って説明する。重要な洞察の一つが、ダグラス・バーンハイムとアントニオ・ランゲルの**熱い状態と冷たい状態**モデルだ。私たちがストレスを感じている「熱い」状態にあるときのほうが、冷静な「冷たい」状態にあるときよりも感情や直感的要因に圧倒されやすい。熱い状態では状況判断を誤ったり、誘惑に負けたりしやすい。治療中の中毒患者の場合は、熱い状態のときは中毒に逆戻りしやすい。デビッド・レイブソンはコカイン中毒者の例でこれを説明する。刑務所に入っていたあいだは中毒から脱することができたが、釈放されると同時に再び中毒になってしまった。かつてコカイン中毒症であった頃と関連する場所やシグナルのある場所に戻ったからだ。

感情の影響は政治生活や経済生活など、幅広い分野に及ぶ。ダニエル・カーネマンは二〇一六年にイギリスで「ブレグジット」(イギリスのEU離脱)をめぐる国民投票が実施される前に、《テレグラフ》紙に苛立ちや憤りはブレグジットが選択される可能性を高めると寄稿したが、まさに先見性のある指摘だった。投票までの状況分析は感情に支配されていた。投票後も、少なくとも当面はブレグジットによって自分や家族に直接的影響が及ぶわけではない「残留派」の人々が失望感や困惑を表明するなど、人々の感情は高ぶったままだった。もしかしたら損失回避性など他の行動的要因が作用し、感情的反応を引き起こしていたのかもしれない。

神経経済学における感情

感情を測定するのは、性格を測定する以上に難しい。神経科学者は経済学者よりずっと早くから感情を研究しており、その研究手法には経済的・金融的意思決定の研究に役立つものもある。また経済学者と神経科学者は協力し、行動経済学に**神経経済学**と呼ばれる革新的な研究分野を生み出している。神経経済学は、経済学と神経科学の理論や研究手法を合体させたものだ。新しい革新的なデータソースなど、神経科学が経済学にもたらしたものは多い。経済的・金融的意思決定を、心拍数、皮膚伝導反応、発汗速度、視線追跡など生理的反応の測定値と結びつける実験も行われている。たとえばキップ・スミスとジョン・ディックホートはオークションの実験で、心拍数から感情状態を推測した。

一般的な生理的反応を測定するだけでは、感情的反応について詳細な情報は得られない。脳撮像技術を使えばより詳細な情報が得られるが、高価で複雑な技術が必要だ。このため脳撮像を使った実験のサンプル数は通常きわめて少ない。経済学の他の分野ではサンプルサイズがきわめて大きいことから、特にそう思える。最もよく使われる脳撮像技術の一つが、機能的磁気共鳴画像法（ｆＭＲＩ）だ。リスクをともなう意思決定と感情の関係を調べるものなど、いくつかの神経金融学の実験で使われてきた。先述の二重システム理論を検証する目的で、社会的状況での感情的反応と認知的反応を調べた実験でも、脳撮像技術が使われている。こうした実験はさまざまな神経領域と、それぞれが感情的プロセスあるいは認知的プロセスにおいて果たす役割についての大まかな分類に依拠している。

その代表例と言えるのが、アラン・サンフェイらが行った実験だ。神経科学的手法を使って、被験者が第３章で説明した最後通牒ゲームをする際の感情と認知の相互作用を調べた。ここで最後通牒ゲームを軽くおさらいしておこう。提案者が回答者にお金の分配案を示し、回答者がそれを断れば、どちらもお金を受け取れない。サンフェイらの実験では、ゲームのうち何ラウンドかは以前にも会ったことがある人、残りのラウンドはコンピュータが相手になった。ことさら意外ではないかもしれないが、人間からの不公平な提案は、

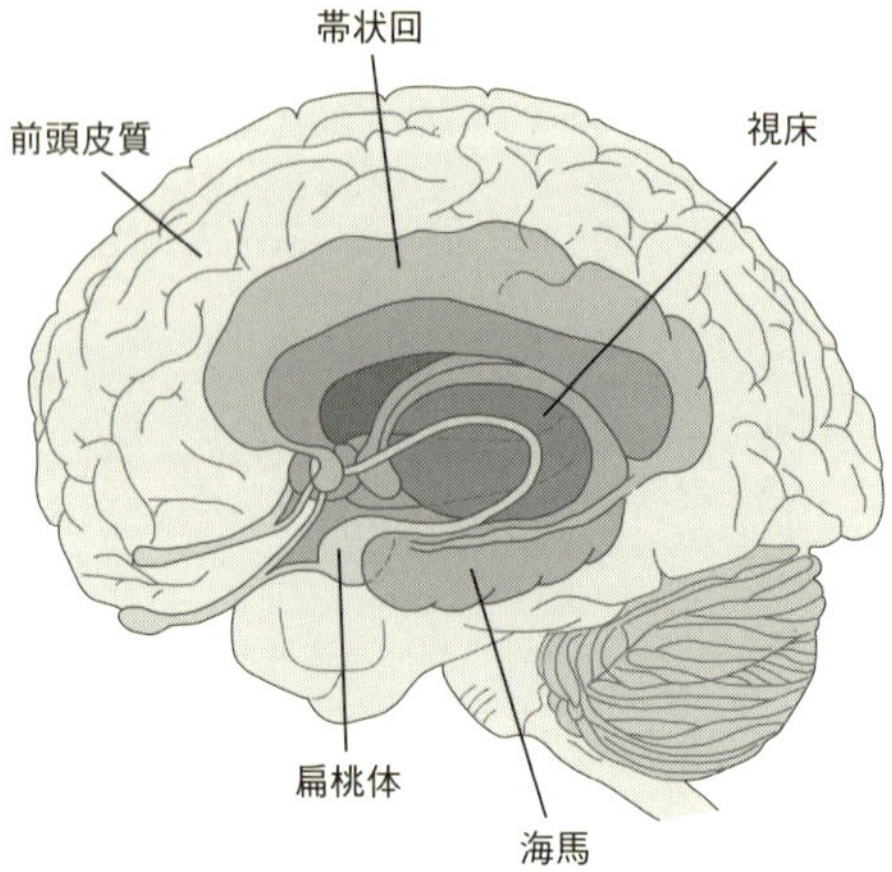

図5　脳領域の一部。扁桃体《へんとうたい》は感情処理と関連があるとされてきた、脳構造が相互に接続したネットワークである辺縁系の一部である。

コンピュータからの不公平な提案よりも拒否されることが多かった。参加者はかなり極端な感情的反応を口にした。不公平な提案を受けたときには怒りを感じ、相手プレーヤーを懲らしめるために金銭的利得を諦める気になったというのだ。

サンフェイの実験では、fMRIを使って参加者をスキャンし、脳のさまざまな領域を通る酸素を豊富に含んだ血流を測定した。簡単に言うと、このような脳機能マッピングは、脳の各領域はそれぞれ異なるタイプの思考にかかわっているという説にもとづいている。前頭前皮質《ぜんとうぜんひしつ》は脳のなかでも高度に進化した領域で、通常は高次の認知機能と関係している。カーネマンによる思考システムの分類に照らすと、前頭前皮質はシステム2の認知的で制御された思考に関与している。

図5に前頭皮質をはじめ、**感情的辺縁系**と呼ばれる感情的プロセスと関係するいくつかの脳領域を示した。

　サンフェイらは、島《とう》と呼ばれる脳領域に注目した。通常は痛み、空腹、渇き、怒り、嫌悪といった否定的感情と関連があるとされる。辺縁系の一部ではあるが、脳の奥深くにあるため、この図に示すのは難しい。島はシステム1の思考と関連する、衝動的で無意識的な意思決定にかかわっている。サンフェイらは最後通牒ゲームへの反応を調べるなかで、コンピュータより人間が不公平な提案をしたときのほうが島は強く活性化し、しかも不公平の度合いが大きいと反応も大きいことを発見した。島の活性化度合いには予測性もあった。参加者の島が強く活性化するほど、そのあとかなり大きな取り分を提示されても拒否する傾向があった。サンフェイらは、参加者は不公平な提案に対して、不快なにおいと同じように反応していたのではないかと考えた。不公平な扱いは、怒りと同じような「道徳的」嫌悪を引き起こしていた。

　参加者の前頭前皮質は、不公平な提案を受け、しかもそのあと受け入れたときに強く活性化していた。不公平な提案のほうが受け入れるのは難しく、拒否したいという感情的衝動を退けるのに認知的労力がかかっていたためだろう。サンフェイらの実験でもう一つ興味深い発見は、この葛藤には審判が存在するように思われたことだ。前帯状皮質《ぜんたいじょうひしつ》と呼ばれる、葛藤の解決と関連する領域である。帯状回の位置も図5に示した。この領域が活性化したのは、認知的反応と感情的反応の葛藤を解決するのに貢献していたためだろう。認知的システムはお金を望み、感情的システムは不公平な提案者を懲らしめてやりたいと思う。前帯状皮質はこの脳内の葛藤を解決する。

人々の共感的反応を調べた神経経済学的研究もある。タニア・シンガーらは脳撮像技術を使った実験で、パートナーが痛みをともなう電気ショックを受けるのを見ると、被験者の脳内で島などの領域を含む無意識的な感情処理回路が作動することを確認した。他者の感じた痛みが私たち自身の感情状態に表れ、それが共感的反応を引き起こしたようだ。

金融的意思決定に神経経済学的実験を応用する

感情が金融市場に及ぼす影響を調べた神経経済学的研究もある。たとえば脳に損傷を受けた患者の金融的意思決定だ。ババ・シブらは脳障害患者のグループの行動を調べ、健康な対照群のそれと比較した。どちらのグループも投資ゲームを行った。健康な被験者は、すぐにリスクの低い投資戦略を選ぶ方法を学習した。脳障害患者のほうがはるかに大きなリスクをとったが、最終的に獲得した利益もはるかに多かった。他の研究では、強烈な感情的反応の影響下にある人は、金融トレーディング・ゲームで異なる行動を示すことが明らかになった。アンドリュー・ロウらは、被験者がより強烈な感情的反応を経験しているときほど、トレーダーとしての成績は低下することを発見した。

脳撮像技術を使った研究からは、感情状態とトレーダーの行動との関係も明らかになってきた。ブライアン・ナットソンらはｆＭＲＩを使い、トレーダーが安全な株とリスクの高い株のどちらかを選択する際に脳のスキャニングを実施した。ナットソンらは金融的意思決定において、感情的プロセスが重要な役割を果たしていることを明らかにした。リスクの高い選択は、線条体《せんじょうたい》と呼ばれる脳領域の活性化と関連があった。線条体はリスク追求や中毒などの報酬も含めた、さまざまな報酬の処理にかかわっている。さらにトレーダーが安全な選択肢とリスクの高い選択肢のどちらを選ぶかによって、島の活性化に有意な差異があることも明らかになった。これは損失の恐怖（リスク回避の失敗と関連しているのだろう）など、否定的感情状態に島がかかわっていることを反映しているのかもしれない。

ホルモンも影響している可能性がある。神経科学者のジョー・ハーバートと経済学者のジョン・コーツは、ロンドンのデイトレーダーたちの行動を自然実験によって観察することができた。デイトレーダーとは一日のあいだの資産価格の変動で利ざやを稼ごうとする人々だ。

コーツとハーバートは唾液のサンプルを使って、トレーダーのテストステロンとコルチゾールの数値を測定した。テストステロンはリスク追求や反社会的行動と関連があるとされ、コルチゾールの数値はストレスを感じているときほど高くなる。調査の結果、朝の時点でのトレーダーのテストステロンの数値と、その後の投資成績に相関関係があることが明らかになった。朝のテストステロン値が高いほど、その日のトレーディングで稼ぐ利益は多くなるようだった。これはリスク追求や冷徹な行動は合理的計算の結果であるとする従来の経済学の見解とは異なり、少なくともある程度は生理的要因に左右されていることを示唆しているのかもしれない。

精神分析の知見を活用した研究もある。精神分析学者のデビッド・タケットは、自らの専門知識を活かし、トレーダーの感情状態を調査した。トレーダーを夢中にさせる金融資産には、金銭的価値以上のものがある、とタケットは主張した。精神分析学で**空想的対象**と呼ばれるもので、所有者にはとてつもない価値があるように思われる。

利益を稼ぐ喜びと、損失の恐怖を引き起こすパニックのあいだに時間的差異があると、感情的葛藤が起こる。利益が出るタイミングと損失が出るタイミングにズレがあるときだ。これが投機的バブルが発生する一因かもしれない。トレーダーはすぐに過去の損失を忘れる。そして自らの衝動を正当化するようなストーリーや筋書きを作る。熱狂的ブームのあとに感情的動揺が生じ、最終的に自信が一気に崩れてバブルが崩壊する。そのそもそものきっかけは、トレーダーの感情的葛藤である、とタケットは説明する。

トレーディング行動におけるこうした感情の働きは、マクロ経済の健全性を損なう金融不安定化の一因かもしれない。次章では、行動経済学において比較的新しい、未開拓の領域である行動マクロ経済学という枠組みのなかで、こうしたテーマを検討していこう。

第8章 マクロ経済における行動

第7章では、経済的・金融的意思決定において感情が果たす役割を見てきた。こうした感情的・心理的要因を総合すると、それらが私たちの集団行動に及ぼす影響を分析する新たなマクロ経済モデルの構築に重要な示唆が得られる。私たち一人ひとりは小粒ながらマクロ経済におけるプレーヤーであり、それらがすべて合わさった集団の経済行動は政策立案者にとってきわめて重要な問題だ。またそれは経済学において最も誤解されてきた分野でもある。二〇〇七年から〇八年にかけての金融危機を受けて、従来のマクロ経済モデルの信頼性は大きく揺らいだ。本章では革新的なマクロ経済理論の構築と、新しいタイプの行動マクロ経済学的データの収集に、行動経済学がどのように貢献できるかを考えていく。

行動マクロ経済学は比較的未発達の分野だ。というのも、いくつか重大な制約があるためで、それは多様な人々のさまざまな選択を総合的に理解する難しさを反映している。誰もが異なる性格を備え、異なる気分や感情を経験し、さまざまなヒューリスティクスとそれが生み出すバイアスの影響を受けながら複雑な意思決定をしている。そのため行動経済学者は、消費者、労働者、経営者や政策立案者のミクロ経済的行動に目を向ける傾向があった。第7章で説明したとおり、性格、気分、感情の測定が難しいことから、ミクロレベルの分析すら容易ではない。マクロ経済を構成する個人が互いに多様かつ複雑な相互作用をするために行動学的測定は一段と難しくなり、行動マクロ経済学には膨大な分析作業が求められる。

私たち全員の選択を合算したものは、雇用、失業、生産量とその成長、インフレ、金利といった日々のマクロ経済ニュースのテーマとなる重要な変数に影響を及ぼす。気分や感情は集団全体の幸福度に影響を及ぼし、政策立案者もそれを重視するようになっている。そして新たなマクロ経済の政策目標を設定する際に、こうした洞察を織り込んでいる。マクロ経済はもはや経済学者だけの管轄ではなくなった。心理学、精神医学、社会学、医学、公衆衛生学といった分野の研究成果は、国家の幸福度が国民の懐具合だけで決まるわけではないことを示している。本章の後半では、こうした問題に目を向ける。

マクロ経済の心理学

行動マクロ経済学の主要な関心は、楽観や悲観といった社会的および心理的要因が、マクロ経済変動を理解するのにどう役立つかだ。企業家は経済全体の気分や企業の信頼感の変動に影響を受けやすく、それは企業が成長する速度や、経営者が新たな事業計画に投資するか否かを左右し、最終的にマクロ経済の生産量や成長にかかわってくる。産業界に楽観的気分が蔓延《まんえん》していれば、それは自己達成的予言となり、国全体の生産量拡大につながる。

時間に対する姿勢も重要だ。というのもマクロ経済の変動は、人々の今日消費するか、それとも将来に向けて蓄えるかという意思決定に左右されるからだ。消費者が全体として我慢強いか否かが、今日お金を使おうとするか、あるいは貯めようとするかを左右する。もし我慢強く、貯蓄性向が高ければ、企業家の新たな投資案件への資金が生まれる。消費者が我慢強くなく、消費性向が高ければ、その需要に対応するため企業は生産を拡大し、短期的に経済活動は活性化するだろう。企業家は将来の成長に向けて投資すべきか否か、意思決定をしなければならない。こうした意思決定があいまって、マクロ経済全体に重大な影響を及ぼす。

私たちの心理状態も、将来に対する態度と相互作用するだろう。感情や気分は、先見性のある意思決定をしようとするか否かに影響を与える。期待や楽観、そして自信は、経済を勢いづかせる。それは経済の生産能力を高めるうえで主要な役割を果たす企業家が、自信や社会の空気の変化に敏感なためでもある。二〇一六年のイギリスのEU離脱（「ブレグジット」か否か）を問う国民投票は、その最たる例だ。離脱派（「ブレグジット支持派」）が勝利すると、残留派が多かったイギリスの企業家や経済学者のあいだで強い悲観主義が広がった。それはすぐにマクロ経済に重大な影響を及ぼした。国民投票後の経済的・政治的・金融的不確実性もあって、イギリス・ポンドは急落し、多くの投資家がイギリスから手を引いた。イギリス経済へのマイナス影響はすぐに誰の目にも明らかになった。

私たちが我慢強いか否か、楽観的か悲観的かによって、将来を肯定的に見るか否かが決まり、それが巡り巡って私たちの我慢強さに影響を与える。実験心理学者のターリ・シャーロットは、人間には生まれつき楽観的に考える傾向があることを明らかにした。人間には進化の過程で過度に楽観的な傾向が備わり、健康な人の多くは楽観バイアスを抱えているという。この点についてもイギリスの国民投票が格好の例となる。投票日の何週間も前から、多くの世論調査が僅差かもしれないがEU離脱派が勝利することを予測していたにもかかわらず、残留派の多くは選挙結果に驚き、ショックを受けていた。

楽観バイアスは建設や社会インフラへの公共投資にも影響を及ぼす。これは政府の公共投資案件への支出を監督する、イギリス監査局も認識している。監査局は二〇一三年に建設業界に広がる過度な楽観を調査した。その結果、過度な楽観が公共投資の費用が膨れ上がる原因となっていることがわかった。計画を立案する人々は事業の先行きを必ずしも現実的に見ておらず、費用を過小評価したり、事業遅延の可能性の検討も不十分だった。

経済学者のジョン・イフチャーとホマ・ザーガミーは二つの経験的手法を用いて、楽観と我慢強さの関連を調べた。分析の対象となったのは、アメリカの総合社会動向調査で回答者が自己申告した幸福度だ。回答者は前向きな心理状態であるほど我慢強く、「刹那《せつな》的」生き方はしないと答えていた。イフチャーとザーガミーは別の実験で、感情が将来に対する態度に及ぼす影響を調べた。一つのグループは、コントなど楽しい動画を見た。もう一つのグループは野生生物や風景などの中立的動画を見た。それからすべての被験者に、将来に備えてお金を貯めることの重要性を評価してもらったところ、コントを見たグループのほうが我慢強さを示した。別のグループより、将来に向けた投資を高く評価したのだ。これは楽しい気分のときには、将来への関心が高まることを示唆している。

初期の行動マクロ経済学者――カトーナ、ケインズ、ミンスキー

マクロ経済要因として感情に注目するのは、新しい動きではない。ジョージ・カトーナは経済心理学の先駆けの一人であり、その洞察の多くは今日の行動マクロ経済学に通じるところが多い。カトーナは感情要因（不安感や高揚感）が、従来のマクロ経済モデルではとらえられないようなかたちで消費者心理、投資家心理、総需要に影響を及ぼすと主張した。

ジョン・メイナード・ケインズも大きな足跡を残した。一九三六年に執筆した『雇用、利子、お金の一般理論』（山形浩生訳、講談社学術文庫ほか）の第12章では、マクロ経済を動かす主要なプレーヤーの類型を二つ挙げた。投機家と企業家である。どちらの類型にも顕著な性格的特性があり、感情によって異なる影響を受ける。投機家は金融的リターン

を追い求める。金融資産の売買を通じて自らの利益を最大化しようとする。

ケインズが分析対象としたのは、株式市場での投機家の行動だ。一九八〇年代以降の金融技術の急速な発達によって、今日ではリスク性金融資産は株式だけではなくなったが、ケインズの基本的論理は現代の金融市場にも当てはまる。株式市場は流動性をもたらす。これは生産能力を増強したい企業家が資金調達をするには好都合だ。しかし流動性があるというのは、株式は迅速かつ容易に売買できるということでもある。投機家は短期利益を追求するので、ごく短期間の株価変動しか見ない。また他の投機家の行動に大きく影響される。

ケインズによると、投機家は他の投機家が株式の収益可能性について自分の知らない情報を知っているのではないかと考えることが多いという。特に市場のトレンドに確信が持てないときほどそうなる。投機家が他者の考えを気にするのは、それが株価を決定づけるからだ。一方、株式が長期間にわたって生み出しうる利益という意味での基礎的価値はあまり気にしない。ごく近い将来にいくらで売れるかを気にする。そこにおいて最も重要なのは、明日にでもこの株を買うかもしれない他の投機家の意見だ。

ケインズはこの他者の意見を気にするという現象を説明するため、新聞の**美人投票**のたとえを使っている。この美人投票では、参加者はたくさんの美しい女性たちの写真を見せられる。ただし選ぶのは自分が一番美しいと思う女性ではなく、他の人々が最も美しいと思いそうな女性だ。他の参加者の判断を予測しなければならない。つまり参加者は、他の人々が他の人々の判断についてどう思っているかを見きわめなければならない。マクロ経済において投機家がこうした習性に従い、美人投票ゲームのような行動をとると、彼らの株式評価には裏づけとなる確固たる信念が何もないことになる、とケインズは主張する。これは市場を不安定化し、変動性を高め、マクロ経済に影響を及ぼす。不安定で不確実な空気は、企業家に投資判断を思いとどまらせるからだ。

ケインズのマクロ経済学における主要プレーヤーのもう一つの類型が企業家だ。企業や企業家は、単にお金だけを目的としているわけではない、とケインズは見る。単にお金を稼ぎたいだけなら、投機でも比較的高額な報酬を計画的に得ることができる。投機家は通常、きわめて短い時間軸で動くからだ。投機家は一日、一週間、あるいは一カ月のあいだの株価変動に集中することが多い。何年、何十年先の株価がどうなるかは一般的に関心がない（金融投資のカリスマ、ウォーレン・バフェットは顕著な例外である）。

投機家と比べて、企業家の直面する問題ははるかに厄介だ。長期的見通しについて慎重に考えなければならない。未来は不確実なものなので、それは難しい。純粋な数学的計算だけをもとに投資判断を下すなら、完璧に合理的な企業家はほんのわずかな金額しか事業に投資しないだろう。とりわけまったく新しい事業を立ち上げようという場合、将来は不確実であり、一年先、五年先、あるいは一〇年先に事業がどれだけ成功しているかを予測することは難しい。企業家が将来の不確実性や恐怖に打ち克てるのは、また別の要因があるからだ。**アニマルスピリット**である。ターリ・シャーロットはアニマルスピリットを、すでに見てきた楽観バイアスと関連づけて説明している。最初にアニマルスピリットという概念を生み出したのは、古代ローマで剣闘士らの医師を務めたギリシャ人のガレノスだ。ガレノスはアニマルスピリットを私たちの内部で神経生理と行動を結びつけるものと考えた。これはヒポクラテスの四体液説、すなわち黒胆汁、黄胆汁、血液、粘液がそれぞれ基本気質（鬱《うつ》、怒り、快活、無気力）と結びつくとする考えの基礎となった。

ケインズの言うアニマルスピリットは、快活気質と結びついている。行動し、何か前向きなことをしようとする欲求だ。古代ローマのガレノスのアニマルスピリットを今日の世界に当てはめれば、それはアニマルスピリット旺盛《おうせい》な企業家が自然に備えている楽観主義と重なる。それがあるからこそ企業家は未来に自信を持ち、事業に投資しようとするのだ。こうした議論とマクロ経済にどんなかかわりがあるのか。ケインズの説明では、企業家と投機家の活動のバランスが、株式市場がどのような影響を生産量、雇用、失業、成長といったマクロ経済変数に及ぼすかを決定づけるという。ただしアニマルスピリットは不確実性や不安定さによって簡単にしぼんでしまう。このため金融市場が不安定化すると、企業家は動揺し、将来に向けて事業に投資する意欲が低下する。

金融システムは企業家と投機家を結びつける。企業家は長期的視点から事業を構築するために金融市場の資金を必要とし、市場はそれを提供することができる。投機が企業活動の大きな流れに浮かぶ泡の一つに過ぎず、全体のバランスが保たれていれば万事うまくいく、とケインズは主張する。しかし投機が荒れ狂う渦《うず》になると、マクロ経済を不安定化させ、変動性と不確実性を増大させる。

現代の行動マクロ経済学——アニマルスピリット・モデル

すでに述べたとおり、マクロ経済学者にとって個人の意思決定を総合し、マクロ経済現象を説明するのはきわめて厄介だ。個人を動かす複雑な要因や性格的特性を足し合わせ、一貫性のある総合的なマクロ経済モデルを構築するのは難しい。従来のマクロ経済学は、あらゆる労働者や企業はすべて同じであり、同じように意思決定をすると想定することで、こうした問題を逃れてきた。また誰もが完全に合理的と想定するので、異なる個人同士がマクロ経済でどのように相互作用するかを説明するのは比較的容易だ。伝統的なマクロ経済理論は、**代表的主体**と呼ばれる、比較的単純な意思決定をする一個人を説明する。こうした理論の多くは、代表的主体はあらゆる企業や労働者の行動を代表していると考える。代表的主体の行動をそのまま拡大すれば、マクロ経済モデルができる、と。このようなマクロ経済分析は、ミクロ経済原則と強固に結びついている。

一方、行動マクロ経済学者は、合理的な代表的主体という概念を使って説得力ある理論を構築することはできない。なぜなら行動経済学の主眼は、人々の性格や感情の違い、異なる主体同士の相互作用の違いを理解することにあるからだ。行動経済学に単一の代表的主体は存在しない。このため行動マクロ経済学は、企業や消費者の信頼感など集合的現象に着目する傾向がある。

今日の行動マクロ経済学者がモデルを構築するもう一つの方法は、行動を誘発する特定の心理的要因に着目することだ。たいていはアニマルスピリットの概念を使うが、その定義はケインズやガレノスのものとは異なる。ジョージ・アカロフとロバート・シラーは著書『アニマルスピリット——人間の心理がマクロ経済を動かす』（山形浩生訳、東洋経済新報社）のなかで、マクロ経済と金融システムに影響を及ぼすさまざまなアニマルスピリットを説明している。二人のアニマルスピリットの定義はケインズのそれよりはるかに曖昧だ。ケインズの概念が生産能力に投資する企業家の本能的直感を指していたのに対し、二人のアニマルスピリットはさまざまな心理的現象を意味している。アカロフとシラーは企業家の本能にとどまらず、それぞれ不安定化要因となる安心さ、公平さ、腐敗と背信、貨幣錯覚、物語という五つのアニマルスピリットを挙げていた。

近年、アニマルスピリットを中心に高度な数的理論を構築した行動マクロ経済学者は他にもいるが、その定義はやはりガレノスの概念をマクロ経済に応用したケインズの当初のそれとは異なっている。ロジャー・ファーマー、ポール・デ・グラウウェ、マイケル・ウッドフォードは、高度な数学技術を使ってアニマルスピリット・サイクルをモデル化している。そこでは実質的にアニマルスピリットを、マクロ経済が景気上昇局面から下降局面に転じる原因となる、無秩序な変動（**ランダムノイズ**）ととらえている。

金融とマクロ経済

行動マクロ経済学者は、マクロ経済への金融と金融不安定化の影響にも注目する。主流派のマクロ経済学理論の多くは金融市場を無視してきたが、二〇〇七年から〇八年にかけての金融危機とその後の世界的景気後退によって、経済学者と政策立案者は金融市場がマクロ経済の健全性にどれほど重要であるかを改めて痛感した。とっかかりの一つが、投機的バブルの心理学である。従来の投機的バブルの説明は、冷静で合理的な行為主体は資産購入の際には相対的便益とコストを入念に計算するという伝統的な経済学の見解と矛盾していた。

金融史上、最も興味深いエピソードの一つであるチューリップバブルは、投機的バブルがどれほど不安定で非合理的なものに思えるかを浮き彫りにしている。一六三六年一一月以降のわずか三～四カ月で、オランダでチューリップの球根の需要が急増した。珍種の球根の価格は六〇倍に上昇したという記録もある。特に需要が高まったのは、「センペル・アウグストゥス」というエキゾチックな色彩の美しい品種だった。バブルのピーク時には、センペル・アウグストゥスの球根一個の価格が、アムステルダム中心部の三階建て家屋のそれと同じだった。だがバブルは劇的な崩壊を遂げた。一六三七年二月にはほとんどの球根はどれほど低い価格でも買い手がつかなくなり、チューリップ投機家の多くが財産を失った。

ただしチューリップバブルは唯一の例外ではない。歴史を振り返れば、同じような投機的バブルの例は枚挙にいとまがない。一八世紀南海泡沫会社事件、一九二九年の大恐慌直前のアメリカにおける激烈な投機ブーム、一九九〇年代末のドットコムバブル、そして二〇〇七〜〇八年の世界金融危機を引き起こしたサブプライムローン危機などは、ほんの一部だ。

この手の金融不安定化を説明するうえでは、多くの経済学者がケインズの思想に刺激を受け、金融市場に関する優れたモデルを開発してきた。その顕著な例がハイマン・ミンスキーである。ミンスキーはここまで述べてきたような金融不安定化を説明するため、クレジットサイクル理論を生み出した。ミンスキーのいくつかの研究は、二〇〇七〜〇八年の金融危機と、世界的な景気後退を引き起こすというその重大な影響を予測していたという意味で、きわめて先見性がある。ケインズと同じように、金融システムの脆弱性と、それがマクロ経済全体に及ぼす影響に関するミンスキーの分析においても、感情要因が重要な役割を果たしている。景気循環は恐怖とパニックの循環によって引き起こされており、金融システムの脆弱さが極端な変動の原因として重大な役割を果たしている、とミンスキーは説明する。景気循環はまず、投機的ブームと企業家の過剰な楽観主義によって動き出す。銀行は過剰な貸し出しをする。企業は過剰な借金をする。最終的に誰かがブームには確固たる土台がないことに気づき、金利が上昇しはじめ、ブームはその絶頂と同じくらい劇的な崩壊を遂げる。

投機は金融市場全体の不安定化につながり、金融的要因はマクロ経済に悪影響を及ぼすことがある。こうした見解はハリウッド映画によって広く知られるようになった。最近の例を挙げれば『マネー・ショート　華麗なる大逆転』だ。この映画は、信用度の低い個人でも複数の住宅ローンが借りられるような新手の複雑な金融商品が登場したことで、金融市場に途方もない脆弱性が蓄積されていることに気づいたトレーダーたちの物語だ。これが**サブプライムローン危機**のはじまりだった。主人公のトレーダーたちは何百万ドルも稼いでいたが、それが大勢の人々の犠牲のもとに成り立っていることをわかっていた。金融不安定化はアメリカ経済だけでなく世界中のマクロ経済にも壊滅的打撃を与え、大勢の人々が自宅も仕事も失うことになるだろう、と。図６が示すように、住宅ローンを支払えなくなった人々がクレジットカードの借り入れを増やし、それがアメリカだけでなく世界中の銀行その他の金融機関に影響を及ぼすことは目に見えていた。

サブプライムローン危機

こうした問題を研究している経済学者は何人かいる。ロバート・シラーは金融市場の**根拠なき熱狂**（米国連邦準備制度理事会のアラン・グリーンスパン元議長の発言）と、それが雇用、投資、生産、経済成長に及ぼす影響について多くの論稿を残している。ハーシュ

図6　サブプライムローン危機　©Feggo / CartoonStock.com

・シェフリンは、金融市場の上昇局面での根拠なき熱狂は、恐怖、希望、欲望の相互作用を反映していると指摘する。金融不安定化の主な原因は過剰なリスク追求であり、そこでは感情も一定の役割を果たしている。これは第7章で見てきた、ジョージ・ローウェンスタインらによる直感的要因に関する研究と関連している。人々のリスク認識は伝統的な経済学で想定されるように単純かつ一貫性のある選好によって決まるのではなく、そのときどきの心理状態と結びついている、とローウェンスタインは主張する。

社会の空気と景気循環

行動マクロ経済学者の採るもう一つのアプローチは、自信や社会の空気がマクロ経済に及ぼす影響を分析することだ。共通要因があらゆる人の気分を左右することもある。たとえば太陽が照っているときは、たいていの人が明るい気分になる。経済学者はこの洞察にもとづき、景気循環のさまざまな段階における気分とマクロ経済・金融市場の変動との関連性を探ってきた。

マーク・カムストラらは季節性の鬱のデータを使い、冬と夏では金融市場の動きが異なるという仮説を検証した。季節性の鬱は、季節性情動障害（SAD）の発生率によって測定できる。SADを患《わずら》っている人は、慎重でリスク回避的になる傾向が高い。これが金融市場のトレーダーにも当てはまるとすれば、冬のあいだはよりリスク回避的になるだろう。

日照時間が短い国で暮らしているトレーダーも同様だ。カムストラの研究チームは、夜の長さ、曇り空、気温はいずれも株式市場のパフォーマンスに強い影響があることを発見した。そして季節性の鬱はトレーダーのリスク回避性を高めると結論づけた。カムストラのエビデンスは、デビッド・ハーシュリーファーとタイラー・シュムウェイが実施した同じような調査（二〇〇三年）でも確認された。ハーシュリーファーらも、株式相場と日照時間には正の相関があるという結果を得た。

集団の気分は重要なマクロ経済要因であり、最も重要な説明変数であると考える研究者もいる。ソシオノミクス・インスティテュートのロバート・プレクター率いる研究チームは、そうした考えにもとづき、金融市場の変動を分析している。**社会の空気**はマクロ経済トレンドの究極の原因因子であり、最も強力な決定要因である、とプレクターは指摘する。株式市場は無意識的な社会の空気を反映するという主張は、金融市場の変動と実体経済のパフォーマンスを結びつけたケインズの分析と重なる。

この社会の空気は、マクロ経済循環の上昇局面では推進力となる、とプレクターは言う。うきうきとした楽天的気分が蔓延していると、その前向きな社会の空気は幅広い分野に影響を及ぼす。明るい音楽が増え、スカートの丈《たけ》は短くなり、選挙では現職政治家が有利になる。株式市場が上昇傾向にあるのは、現職大統領が選挙に踏み切るのに最高のタイミングだ。しかし社会の空気が後ろ向きで悲観的になると、金融市場は不安定化し、ファッションは保守的になり、音楽は陰鬱になる。マクロ経済が社会の空気に反応するのは、社会の空気が消費者の意思決定や企業の事業計画を左右するためだ。社会の空気が後ろ向きになると、政府の政策立案にも影響する。政府は内向きになり、保護主義的政策を好むようになる。後ろ向きな社会の空気はこのようにさまざまなかたちでマクロ景気の後退に寄与する。

幸福と福祉

行動経済学のもう一つの主要なテーマは、経済学に対するまったく新しい視点に立つ。マクロ経済のパフォーマンスの新しい定義と測定法を構築しようというのだ。これまでは政府機関の統計学者がマクロ経済全体のパフォーマンスを測るための情報を集めてきた。たいていは生産や所得の金額（物価や平均賃金など）をはじめ、雇用者数と失業者数の割合など客観的なパフォーマンス指標が使われてきた。

それに対して行動経済学者は、国内総生産（ＧＤＰ）という生産量の金額的価値をもとにマクロ景気の変動だけに注目するのではなく、幸福や福祉といった心理的側面にも着目する。

幸福と福祉を測定するうえで問題となるのは、私たちの幸福度についての認識は状況に左右されるということだ。これは第4章と第5章で見てきた参照点の概念と関連する。幸福や福祉の測定というと、ほとんどが意識調査だ。そのなかで自己申告される幸福度は、不意打ちで撮影されたスナップ写真のようでもある。自らの幸福度を聞かれる前の質問群は**プライム（先行刺激）**となりうる。たとえば学生の自己申告する幸福度は、事前に最近の出来事を思い出してもらうことで操作できる。ある実験では、学生たちにプライミングのための質問をした。たとえば「昨日はデートをしましたか？」「うまくいきましたか？」といった問いで、前の晩の状況によって学生たちに特定の感情を喚起することを目的としていた。質問の順番によって、学生たちが自己申告する幸福度は変化した。前の晩のデートについて聞かれた後に幸福度を申告した学生では、幸福度に違いが見られた。前の晩のデートが不首尾に終わった学生たちの幸福度は大幅に低かった。デートが成功した学生たちは、比較的高い幸福度を示した。一方、前の晩の状況について質問される前に幸福度を申告した学生たちの場合、幸福度は前の晩の首尾にそれほど影響を受けなかった。最近の出来事を思い出すよう促すことで、学生たちの幸福度の認識は変化したのだ。このように政策を立案する際には、幸福をより幅広い定義でとらえるべきではあるものの、私たちが自己申告する幸福度はほんの些細な要因で歪むこともあるので、政策検討の材料として幸福度に関する意識調査を使うことには注意が必要だ。

ロンドンを拠点とする政治経済シンクタンクのレガタム研究所が二〇一四年に発表した報告書には、ここまで述べてきたようなマクロ経済のパフォーマンスをより幅広くとらえようとするマクロ経済学の変化が表れている。この報告書には、福祉、幸福、生活の満足度は経済的・金融的要因のみならず、幅広い社会心理的要因に左右されることが詳しく書かれている。さらに幸福と福祉を測定するための新たなデータソースの分析や、そうしたデータを信頼性のある計量経済学の手法を使って分析する方法も示されている。

行動経済学者が幸福や福祉に関心を持つようになった結果、世界中でこうした新たなマクロ経済のデータソースを確保する動きが広がっている。公衆衛生に関するデータは、集団的気分の指標として役に立つ可能性がある。たとえば自殺率、精神疾患やストレス関連の病気のデータだ。今ではさまざまな国内的・国際的統計機関が幸福、福祉、生活の満足度に関するデータを集めている。たとえば世帯調査に、従来型の雇用や失業に関する質問群だけでなく、主観的な幸福度に関する質問も含めるといった具合に。

イギリス国家統計局は現在、世帯調査に生活への満足度に関する質問群を含めるようになった。中国やフランスといった他の国々も同じようなデータを集めており、経済協力開発機構（ＯＥＣＤ）は国際的なデータセットをとりまとめている。こうした新たなデータをマクロ経済分析に取り込むことで、マクロ経済のパフォーマンスをよりきめ細かく、包括的にとらえられるようになる可能性がある。とりわけ影響力が大きいのは、世界銀行が毎年発表しはじめた**世界幸福度報告**だろう。これは行動経済学者にとって、幸福度にかかわるマクロ経済トレンドの地理的・時間的変化をとらえたり、このような幸福や福祉に関する新たな指標を従来型のマクロ経済指標と関連づけたりするのに有益なデータとなるはずだ。

技術革新も行動マクロ経済学のためのデータ収集を後押しする。行動経済学者は大規模なネット意識調査を実施することが可能になり、テキストメッセージやソーシャルメディアを使ってデータを集めることもできるようになった（グーグル検索、ツイッターのフィードやフェイスブックの「いいね！」など）。このような「ビッグデータ」の増大にともない、行動マクロ経済学のデータ不足という問題の一部は解消されるかもしれない。

主観的データを使うことには問題もあるが、経済学者、統計学者、政府が協力しあうことで、その信頼性は次第に高まっている。幸福度に関するデータの収集にもさまざまな問題がある。こうした新たな統計データの利点と問題点を評価するため、そして行動マクロ経済学者が幸福や福祉への理解を深め、測定方法を改善するためには、さらなる研究が必要だ。

第9章　経済行動と公共政策

経済学の究極の目標は、個人および国家レベルのさまざまな経済・金融問題を解決するような政策の立案に寄与することだ。従来の経済政策は、市場の失敗を解決することを目指していた。市場がうまく機能しておらず、価格が需要と供給の関係について有効なシグナルを伝えていなければ、その結果として生じる問題を政府の政策措置によって解決する、という具合に。本章ではミクロ経済政策に的《まと》を絞り、行動学的公共政策に関する主要な研究成果とエビデンスを見ていく。首尾一貫した行動学的マクロ経済政策を構築するのははるかに難しい挑戦であり、少なくともこれまでのところ確たる成果はあがっていない。

ミクロ経済政策

伝統的に、政府や政策立案者が市場を有効に機能させるために用いてきた主な政策手段は税金と補助金だった。よく引き合いに出される例がタバコだ。喫煙が公共医療制度への負担を増やし、納税者のコストを増大させるのであれば、タバコに課税するのが得策だ。喫煙のインセンティブを抑えるだけでなく、政府が医療制度を運営するための資金となる。一方、たとえば国内の特定の地域が産業の衰退で不振に陥っていれば、経済活動を活性化するために補助金を出すことが選択肢となる。

税金や補助金には、さまざまな現実的、技術的、運営的制約がつきまとう。そこで今日の経済政策はもっと多様な政策手段を用いる。たとえばノーベル賞経済学者ロナルド・コースの市場取引の研究をもとに生まれたのが、価格が需給のシグナルとしてうまく機能しないときに**人為的取引制度**によって解決するという政策だ。人為的市場は「市場の不在」、すなわち何らかの価値が市場価格に織り込まれない状況を補うものだ。わかりやすい例が環境汚染である。企業が大気や水質を汚染した場合、何の対策も取られなければ企業はタダで汚染できることになる。汚染の負の影響について、誰にも補償しなくて済む。これは環境汚染の市場が不在だからだ。

コースの洞察にもとづく解決策とは、人為的に市場を生み出すことだ。環境汚染の例で言えば、排出権取引制度などがそれに相当する。個人や企業は汚染する権利（あるいは汚染を被る権利）を売買できる。人為的市場をつくるのは簡単ではないが、税金や補助金と同じように、これも個人の行動ではなく市場や制度の問題を解決するための仕組みである。

行動学的公共政策とは何か――ナッジで行動変化を促す

行動学的公共政策は、こうした問題をまったく別の角度から見る。市場の失敗ではなく、**行動の変化**に注目するのだ。つまり人々を効率的で生産的な意思決定に向けて**ナッジ**（「そっと押す」「誘導する」の意味）することで、日々の意思決定や選択のあり方を変えることを目指す。

この分野における金字塔が、リチャード・セイラーとキャス・サンスティーンの『実践行動経済学――健康、富、幸福への聡明な選択』（遠藤真美訳、日経BP社）だ。イギリスの政策立案者がよく引き合いに出すのは『マインドスペース』という報告書で、その基本的洞察はセイラーらの『実践 行動経済学』と似ている。セイラーとサンスティーンの著作は、行動経済学と心理学全般の膨大な文献をもとにしている。とりわけ第4章と第5章で取り上げた、選択肢や情報の過負荷、ヒューリスティクス、行動バイアスといった概念を重視している。有効な政策手段を設計するうえで、政策立案者は人々の意思決定に影響を及ぼすヒューリスティクスやバイアスを意識する必要がある、と二人は主張する。そうすれば人々の意思決定の仕組みを改善することができる、と。これがセイラーとサンスティーンの提唱する**選択アーキテクチャ**という概念の基礎となっている。私たちの選択はどのような仕組みになっているのか。何をするか、何を買うかを決めるまでに、どのように情報を処理するのか。意思決定の仕組みというのは、変えられるものなのか。

政策立案者が選択アーキテクチャへの理解を深めれば、人々がもっと優れた意思決定をするのを後押しするような政策を策定できる、とセイラーとサンスティーンは説く。人々に提示する選択肢をシンプルにする、意思決定を建設的で好ましい方向に誘導するような刺激やナッジを与える、「良い」判断を強化し「悪い」判断を防ぐようなフィードバックを頻繁に返すといった手法は、いずれも行動学的公共政策の特徴である。

セイラーとサンスティーンは政治的および道徳的観点から、ナッジを**リバタリアン・パターナリズム**の一形態と位置づける。人々には自ら選択する能力が残っているのでリバタリアン（自由至上主義的）であるが、政府が選択をナッジするのはパターナリズム（家長主義的）でもある。つまり人々が選択できるという意味でリバタリアン、政府が介入するという意味でパターナリズムなのだ。セイラーらは、ナッジはリバタリアンとパターナリズムのいいとこどりだと指摘する（一方、「悪いとこどり」だという批判もある）。税金や補助金は、さまざまな集団にコストと便益を押しつける。通常、ふつうの市民は税金を払うかどうかを選べない（有能な税理士を雇う余裕がある人や企業は、税額を多少コントロールできるかもしれないが）。補助金を受け取るか否かも、自分で選べるわけではない。しかしナッジなら、デフォルト・オプションをうまく工夫することで、人々に選択の余地を残すことができる、とセイラーらは言う。

ナッジの具体例――デフォルト・オプション

現実のナッジとはどのようなものなのか。ナッジの多くはデフォルト・オプションを操作することを基本としている。第4章と第5章で触れた、現状維持バイアスという行動バイアスを利用したものだ。政策立案者（あるいは企業）がデフォルト・オプション（本人が何もしなければ選ぶことになる選択肢）を設定すると、驚くほど多くの人がそれをそのまま選ぶ。それにはさまざまな原因が考えられる。人は現状維持を好む傾向がある。選択肢を変えることはリスクをともなったり、労力がかかったりするので、現状を変えることにはあまり積極的にならない。デフォルト・オプションになっていることで、それが最適な選択肢だというシグナルと受け取るのかもしれない。デフォルト・オプションが最も建設的な意思決定になるように設定されていれば、たいていの人は受動的にではあるが、それを選ぶ可能性が高い。

一例を挙げよう。どうやって市民に臓器提供を促すかは、多くの国において重要な課題となっている。移植用臓器の需要は供給をはるかに上回る。ここには臓器提供をする人に対価を支払うことの倫理的是非といった政策的ジレンマもあるが、本章では行動学的公共政策としてはどのような対応が可能かに論点を絞る。政策立案者は臓器提供をデフォルト・オプションとして設定することもできる。臓器を提供したくない市民は、オプトアウトすればよい。このように個人には選択の自由が残る。

デフォルト・オプションによって、個人に年金貯蓄を増やすよう促すこともできる。ベナルチとセイラーが提唱した「明日はもっと貯蓄しよう（Save More Tomorrow、略称ＳＭａｒＴ）」という年金システムについては、第4章ですでに触れた。これもデフォルト・オプションを活用している。企業の従業員に退職後に備えて貯蓄を促すため、このシステムではデフォルト・オプションとして全給料の一定割合が年金貯蓄に振り込まれるようになっており、また給料が上がれば昇給分の一定割合だけ貯蓄額が増えるように設定されている。ただこれは強制ではない。従業員には選択権がある。オプトアウトすることは可能だ。デフォルト・オプションは政策立案者の政策手段であり、ナッジのパターナリズム的側面だ。一方、オプトアウトは意思決定者の選択である。これがナッジのリバタリアン的側面だ。

この種のナッジの問題は、消費者に不利なかたちで民間企業に悪用されやすいことだ。個人情報を収集し、他の会社に転売することで利益を稼ごうとするマーケティング会社は、私たちがそうと知らずに自らの情報を他社に譲り渡す許可を与えてしまうような個人情報入力フォームを作成する。彼らも私たちの選択アーキテクチャをよくわかっているのだ。

スイッチング

デフォルト・オプションと関連するのが、同じく第4章で取り上げた、スイッチングを避ける傾向だ。私たちは今契約している電力会社、携帯電話会社、あるいは銀行のサービスがきわめてお粗末だとわかっていても、何年もそのままの状態を続けたりする。契約先をなかなか変更しようとしない。イギリスの規制機関Ｏｆｇｅｍ（電力・ガス市場局）の二〇一六年の報告によると、消費者の六〇％以上がたとえ年間の電気料金を二〇〇ポンド節約できるとしても、現在の契約先を変更しないと答えていた。私たちがなかなかスイッチングをしないことの問題は、それが企業への競争圧力を弱めることだ。質の低いサービスをしても消費者を失わないなら、質の高いサービスを提供するインセンティブなど働くだろうか。スイッチングが低水準にとどまるのは、現状維持バイアスの現れでもある。このため政府の政策立案者は、サービス会社が質の高いサービスを提供しない場合、消費者がもっと頻繁にスイッチングするよう促す方法を模索している。政策立案者がスイッチングを促すために設計している政策手段も、選択アーキテクチャへの深い理解にもとづいている。たとえばスイッチングを容易にする、あるいは選択肢や情報の過負荷という問題を抑え、契約会社のスイッチングに認知的労力がかからないようにするといったことだ。このように政策立案者がスイッチングを促すことを意識した結果、イギリスでは一定の成果が出ている。こうした政策がスイッチング率の上昇に役立っていることを示すエビデンスといえるのがＯｆｇｅｍの報告で、二〇一五年の一般家庭の電力会社のスイッチング率は、二〇一四年と比べて一五％上昇した。

社会的ナッジ

政策立案者が生み出したもう一つの強力なナッジは、私たちの社会的影響の受けやすさを利用している。第3章で説明した概念を発展させたものだ。電力消費については、一般家庭の消費傾向に関する重要な発見があった。これは比較的大規模な学術的研究で得られた知見にもとづいている。たとえばウェスレイ・シュルツらは、カリフォルニア州の家庭を分析した。各家庭には二種類の情報を与えた。一つめは、同じ地区の他の世帯の電力消費に関する情報だ。これは自らの家庭のエネルギー消費と比較する社会的参照点となるはずだ。選択アーキテクチャにおいては選択肢を単純化すべきだというセイラーとサンスティーンの主張にもとづき、近隣地区の平均と比べた各家庭の電力消費に対する社会的評価(批判)は、笑顔(消費量が平均を下回った場合)またはしかめっ面(消費量が平均を上回った場合)で示した。二つめの情報は、電力消費量を減らす方法をいくつか挙げたものだった。

異なる情報を提示することで、どんな影響が出るだろうか。情報の違いによって効果にどのような差が生じるか調べるため、実験の参加者のうち一グループ(対照群)には電力消費量を減らす方法のみを示した。もう一つのグループ(実験群)には、社会的平均に関する情報も示した。その結果、社会的ナッジには強力な効果があることがわかった。社会的情報を示された実験群の家庭は対照群の家庭よりも、電力消費が近隣の平均より高いと指摘されると、平均に近づけようとする傾向が見られた。研究チームは、それは自らの選択を社会規範あるいは参照点に近づけようとしたためだと推測した。数多くの同じような実験で同じような結果が確認され、こうした知見は電気料金の請求書のデザインを見直す際に活用されている。図7に示したOパワー社の請求書はその一例だ。

ただ政策立案者が心に留めておくべきは、想定外の影響にも注意しなければならないということだ。研究チームは**ブーメラン効果**も確認している。近隣の平均より電力消費量が低いことがわかった家庭は、隣人たちのほうがたくさん消費しているという社会的情報に意を強くして、消費量を減らすどころか増やしたのだ。すべての家庭の電力消費分布が対称性を有するとしたら、消費を社会的平均に向けて下げようとする家庭と同じ数の家庭が消費を増やすことになる。その場合、電気消費の平均は変わらず、政策は意味がなかったことになる。

その他の政策的取り組み

行動学的公共政策の原則は、より広範な分野の政策に使われるようになっている。たとえば電力消費への社会的ナッジの効果についての知見は、徴税分野にも応用されている。第3章では税務当局が社会的影響を活用する可能性に触れ、イギリス歳入関税局（HMR

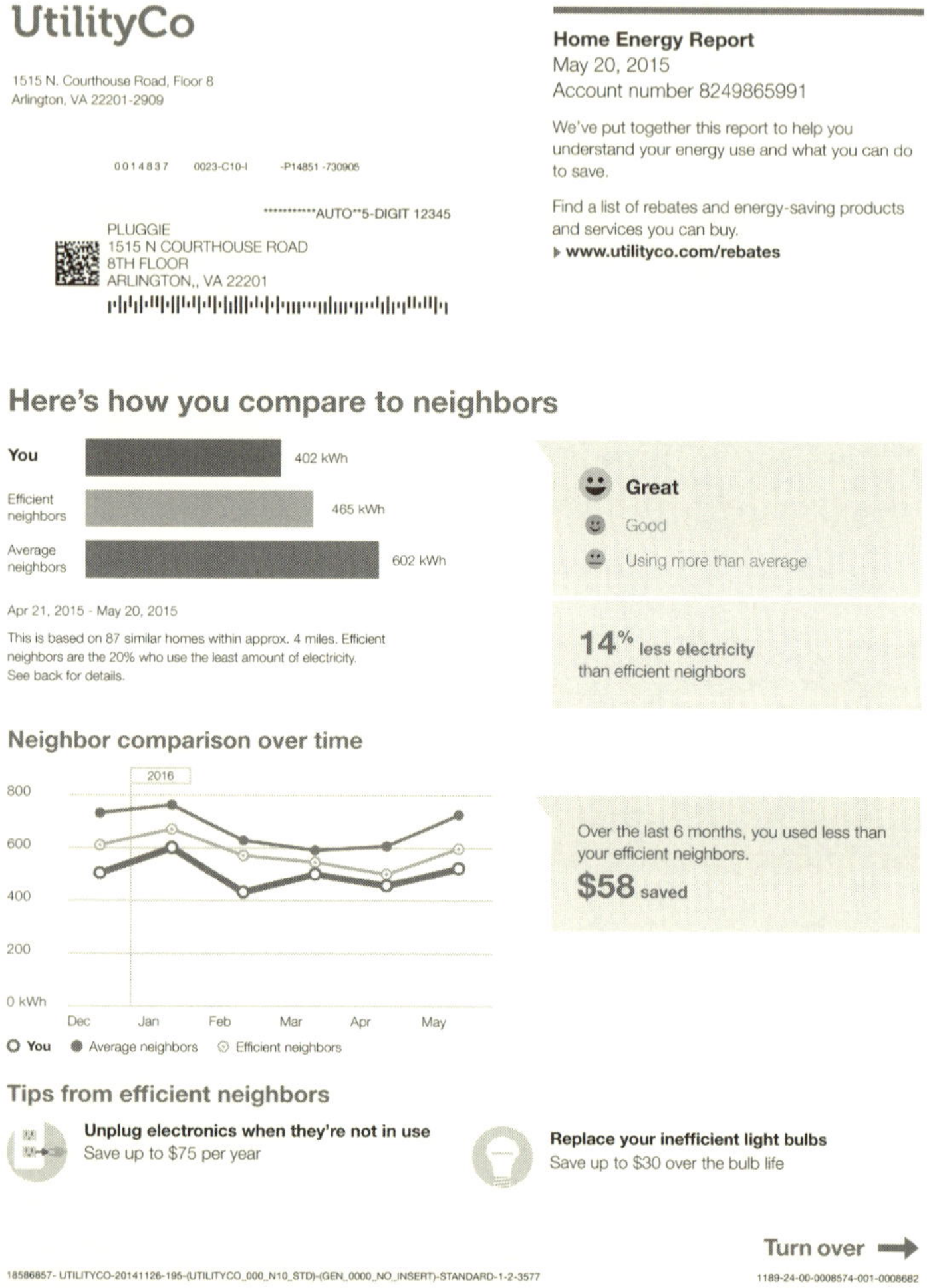

UtilityCo

1515 N. Courthouse Road, Floor 8
Arlington, VA 22201-2909

0014837 0023-C10-I -P14851-730905

***********AUTO**5-DIGIT 12345
PLUGGIE
1515 N COURTHOUSE ROAD
8TH FLOOR
ARLINGTON,, VA 22201

Home Energy Report
May 20, 2015
Account number 8249865991

We've put together this report to help you understand your energy use and what you can do to save.

Find a list of rebates and energy-saving products and services you can buy.
▸ **www.utilityco.com/rebates**

Here's how you compare to neighbors

You 402 kWh
Efficient neighbors 465 kWh
Average neighbors 602 kWh

Apr 21, 2015 - May 20, 2015

This is based on 87 similar homes within approx. 4 miles. Efficient neighbors are the 20% who use the least amount of electricity.
See back for details.

Great
Good
Using more than average

14% **less electricity**
than efficient neighbors

Neighbor comparison over time

2016
800
600
400
200
0 kWh
Dec Jan Feb Mar Apr May
You Average neighbors Efficient neighbors

Over the last 6 months, you used less than your efficient neighbors.
$58 **saved**

Tips from efficient neighbors

Unplug electronics when they're not in use
Save up to $75 per year

Replace your inefficient light bulbs
Save up to $30 over the bulb life

Turn over ➡

18586857- UTILITYCO-20141126-195-(UTILITYCO_000_N10_STD)-(GEN_0000_NO_INSERT)-STANDARD-1-2-3577

1189-24-00-0008574-001-0008682

図7　省エネを促す社会的ナッジ（出典：Opower）

Ｃ）が試験的に税金を滞納している人々への督促状で、何割の人が期限までに納税しているか記載した例を挙げた。社会的圧力を説得の手段として使おうという発想だ。このタイプの社会的ナッジはイギリスをはじめ、他の国々でも成功例が報告されている。競争政策や金融サービスといった分野においても従来型の政策を補完するものとして、デフォルト・オプションなどの知見が使われている。

しかし政策立案者は従来型の経済政策も忘れてはならない。きわめて効果的な政策手段のなかには、標準的な経済政策に行動学的要素を付加したものもある。行動学的知見を従来型のアプローチと組み合わせ、効果的なインセンティブを生み出した例もある。その一例が、レジ袋に課金する政策だ。これはアイルランドで何年も前に、レジ袋の大量ゴミ化という問題を克服するために実施された政策だ（図８参照）。

レジ袋の大量ゴミ化は重大な環境問題であり、野生生物、自然環境、そして人の健康に甚大《じんだい》な悪影響がある。私たちが不用意に廃棄するレジ袋の細かな切れ端で、水道水が汚染されているというエビデンスもある。レジ袋の生産にも、環境汚染や再生不能な希少資源の過剰消費といったマイナスの影響がある。二〇一五年にイギリス政府がレジ袋一枚につき五ペンスを課金する政策を実施したところ、家にため込んであった膨大なレジ袋に突如生じた「資産価値」が持ち家のそれを上回った家庭もあることが話題となった。

まじめな話をすると、レジ袋への五ペンスの課金の例は、行動経済学の知見が従来型の経済政策に有益な示唆を与えると同時に、人々の行動変化を促すことを浮き彫りにしてい

図8　レジ袋のゴミの山　©Neil Juggins/Alamy Stock Photo

る。五ペンスの課金はある種の税金だが、市場の失敗ではなく、行動バイアスを正すことを目的としている（ほぼ価値のないレジ袋を大量にため込むことが、あまり合理的ではないことが前提となるが）。レジ袋をため込むのは、すでに持っているものを過大評価する保有効果の現れかもしれない。ため込む原因が何であるにせよ、従来型の政策手段である税金は、価値のないレジ袋を膨大に集めたり、使いすぎて後になって捨てるのを防ぐナッジとして使える。ただここでも想定外の影響が確認された。レジ袋の総使用量は減らなかったというエビデンスもある。多くの人がスーパーで渡されるふつうのレジ袋をゴミ袋として再利用しなくなり、代わりに「繰り返し使える買い物袋」

としてもっと大ぶりのビニール製バッグや、丈夫なゴミ袋を購入するようになった。その結果五ペンスの課金によって期待されていた環境への好ましい影響の一部（ことによると全部）が打ち消された可能性がある。

政策の未来

行動学的公共政策の未来は有望である。政府の政策機関から独立した部隊も活躍している。最も有名なのは、かつてイギリスのデビッド・キャメロン首相の内閣府に所属していた「ビヘイビオラル・インサイト」チームだろう。別名「ナッジ部隊」と呼ばれるこのチームは民間で大成功を収めており、国内外で良い意味でも悪い意味でも注目を集めている。

しかしリスクもある。行動学的公共政策は大流行といえる状況で、どんな流行にも過剰な期待と反動がつきものだ。また行動学的知見やナッジを使った政策は大いにもてはやされているとはいえ、どれほどの効果があるのか、そして政策の介入に実際どれだけの「持続性」があるかについてはさらなるエビデンスが必要だ。確固たる統計分析によって、ナッジに本物の、そして広範囲にわたる効果が期待できると証明できるだろうか。これまで確認されてきた好ましい影響は、もっと広範な分野の研究でも再現されるだろうか。ナッジ政策はすぐに消失するような短期的効果しかない、まやかしに過ぎないのではないか。ナッジの対象となった人は、時間が経つと元の習慣や選択に戻ってしまわないのか。それとも行動学的政策のナッジにはもっと強力な持続的効果があるのか。

行動学的政策の重要な教訓に普遍性があることを確かめるには、科学的厳密さを持った確固たるエビデンスを蓄積することが重要だ。それによって政策がいつ、どのような状況で効果を発揮するかだけでなく、どのような状況だと効果を発揮しないかも明らかにする必要がある。多くの学術研究に共通する問題として、否定的結果は公表しにくいというものがある。政策的介入がうまくいかなかったという研究結果は、驚くほど優れた効果をもたらしたという結果と比べて、ワクワク感もなければ関心も引かない。行動経済学では、私たちは印象的な情報を過大評価する傾向があることが示されており、行動学的公共政策のエビデンスについても同じことが言える。

政策立案者にとってもう一つの落とし穴は、これまで市場や制度の失敗を解決するのに役立ってきた従来型の経済政策に背を向けてしまうことだ。ナッジは政策立案者のあいだで大人気だが、それによって市場その他の社会制度の失敗を効果的に解決してきた伝統的政策手段が軽視されるようになっていないか。ナッジは私たちのバイアスや失敗を避けるのに役立つが、私たちが優れた判断を下せるようになっても、市場や制度の失敗は解決されない。政策立案者は今後、行動学的洞察にもとづく政策をどのように使えば、従来型の経済政策手段の単なる代替ではなく、それを補完するようになるか、慎重に見きわめていかなければならない。そのような発想の政策立案において重要なのは、従来型政策と行動学的政策のいずれかに過度に肩入れすることなく、どうやって両者を効果的に組み合わせていくかだ。政策のバランスをうまく見いだすことができれば、行動経済学はより広範な市場の失敗や行動バイアスの解決につながる優れた手段を提示するようになるだろう。それは個人に、そして経済や社会にすばらしい恩恵をもたらすはずだ。

謝辞

まずは編集者のジョイ・メラーに、本書への熱意と細やかな編集作業、そしてたくさんの有益な提案をくれたことに感謝したい。本書を校正し、内容を評価してくれたドロシー・マッカーシーにも。オックスフォード大学出版局のみなさんの支援にも感謝している。賢明な助言を与え、初期段階の企画書を見てくれたアンドレア・キーガン、原稿執筆から出版まで手際よく導いてくれたジェニー・ナギー、挿絵を手伝ってくれたデボラ・プロセロー、そして編集を手伝ってくれたルビー・コンステーブル、クロエ・ムッセン、マーサ・カネン。制作プロセスを指揮してくれたサラスワシ・エシラジュにも感謝している。企画書や第一稿をレビューしてくださったみなさんからは、すばらしいご意見と助言をいただいたので、ここで改めて感謝したい。ただ言うまでもなく、本書に誤りや落ち度があるとすれば、すべて私の責任である。

家族、友人、学生、同僚など、原稿を見てくださったすべての方々にも感謝している。特に原稿を徹底的に読み込み、すばらしい提案をしてくれたピート・ラン、第一稿を読んでたくさんのフィードバックを返し、さらには第2章で紹介したタイの事例を勧めてくれたニッシー・ソンバトランに感謝している。そしてこのような本を書いたらどうかと最初に勧めてくれたのが、ユニバーシティ・カレッジ・ロンドン時代の教え子であるジョセフィン・プレッツであることも記しておきたい。

そして最後に、寛大で温かく、私の仕事をいつも忍耐づよく支えてくれる夫のクリスに感謝する。

解説　腹応えある教養が楽しめる入門書

京都大学大学院経済学研究科　教授
依田高典

高まる行動経済学への注目

「いま、行動経済学に注目が集まっている」と、著者は書き出しで述べている。仰《おお》せの通りで、書店には沢山の行動経済学の入門書が並んでいるが、玉石混淆で見分けが付きにくく、読者泣かせである。さて、本書はどうであろう。そんな疑いの目で、本の扉を開いてみた。

ご安心あれ。しっかりした行動経済学の入門書であり、ミシェル・バデリーは行動経済学の基本から応用までしっかり書き下ろしている。大学の講義で使うならば、初学者の教科書に良いだろうし、面白いだけのエピソードに食傷気味のビジネスパーソンならば、腹応えのある教養を楽しむことができるだろう。

簡単に、行動経済学の歴史を振り返ろう。記憶に新しい通り、ノーベル財団は二〇一七年のノーベル経済学賞を、米シカゴ大学教授リチャード・セイラーに授与した。セイラーは、心理学を使って人間の経済活動を分析する「行動経済学」の権威として知られる。セイラーの業績に文句は全くないものの、今年度の単独受賞は学界で驚きを持って受け止められた。というのも、二〇〇二年のダニエル・カーネマン、二〇一三年のロバート・シラーと、既に同時代の行動経済学者二名が栄冠に輝いていたからだ。

次にノーベル経済学賞が行動経済学分野に授与されるとしたら、行動経済学の仮説を、fMRIのような脳機能を解明する装置を使って検証する「ニューロ・エコノミクス」、実際の生活の中で無作為比較対照法を使って検証する「フィールド実験」のような分野というのが大方の見立てであった。

行動経済学にとって、最も重要な概念は「限定合理性」である。米カーネギーメロン大学で活躍したハーバート・サイモンは、一九五五年の論文の中で、人間の持つ情報は完全でなく、認知能力にも限界があり、計算処理の費用もかかるので、人間は効用を最大化するのではなく、せいぜい満足化に甘んじることを主張した。主流派経済学では、人間は「ホモ・エコノミカス」と呼ばれる合理的な存在として描かれる。人工知能の提唱者としても知られるサイモンは、ホモ・エコノミカスの虚構性を暴き、生身の人間に立脚したモデルを提唱した。しかし、サイモンの経済学批判はあまりにも苛烈であり、時として、経済学そのものの学問批判にまで及んだために、サイモンの問題意識は経済学者の間でそれほど浸透することなく終わった。

限定合理性がどのような満足化行動を惹起《じゃっき》するのか鮮やかに描いたのが、イスラエルの心理学者エイモス・トベルスキーとダニエル・カーネマンである。現実の意思決定と最適な意思決定との間には乖離が生じるが、その乖離を「バイアス（偏り）」と呼ぶ。人間の心には、今この瞬間に重きを置く「現在性バイアス」、確率が一〇〇％であることに重きを置く「確実性バイアス」等が潜んでいる。こうしたバイアスが単純ミスでないことは、バイアスを指摘されても、多くの者が行動を改めないことからも分かる。才気煥発で天才型のトベルスキーと内気で近寄りがたいカーネマンは、異なる個性の火花を散らしながら、絶妙のコンビで次々と新しい理論を発表した。特に、一九七九年の論文において、危険下の最適行動である期待効用理論を批判的に検討した「プロスペクト理論」は、ホモ・エコノミカスに懐疑的な経済学者の間で幅広い支持を得た。

このように、行動経済学の現代史は、ホモ・エコノミカスを飽き足らなく思ったサイモン、カーネマン、セイラーのような挑戦者達がバトンをリレーでつないで、経済学の勢力地図を塗り替えた下克上物語だった。

京大生の八〇％が陥る二つのバイアス

私も行動経済学の入門書を二冊書いたことがある。一冊目は『行動経済学――感情に揺れる経済心理』（中公新書、二〇一〇年）、二冊目は『「ココロ」の経済学――行動経済学から読み解く人間のふしぎ』（ちくま新書、二〇一六年）である。
行動経済学の入門書を書くにあたって、外せない主要内容は三つある。第一の主要内容は「時間選好」である。人間は現在という瞬間を特別に重要視する現在性バイアスを持っている。次のような二者択一問題を考えてみよう。

選択肢A　今すぐ、一〇万円を受け取る。
選択肢B　一年後に、一一万円を受け取る。

毎年、私は京都大学の学生にこの質問をするが、八〇％の学生が選択肢Aを選ぶ。続いて、次のような二者択一問題を考えてみよう。

選択肢C　一年後に、一〇万円を受け取る。
選択肢D　二年後に、一一万円を受け取る。

驚いたことに、今度は、京大生の八〇％が選択肢Dを選ぶ。この京大生の選択は、経済学者には困った課題を突きつける。なぜならば、どちらの択一問題とも、一年待って一万円多く受け取るべきかどうかという同じ選択構造を持っているのに、両者の間で時間選好が逆転するのだ。なぜ選好の逆転が生じるのだろうか。この鍵が、選択肢Aの現在性だ。

人間は、現在性が選択肢の中に入ると、忍耐することができずに、特別にその選択肢を好む。しかし、一度、待つことを織り込んでしまえば、どうせ待つのなら、もう一年くらい待つのも一緒だと割り切ることができる。

第二の主要内容は「危険選好」である。人間は一〇〇%確実を特別に重要視するという「確実性効果」を持っている。次のような二者択一問題を考えてみよう。

選択肢A　確率八〇%で、四万円を受け取る。
選択肢B　確率一〇〇%で、三万円を受け取る。

八〇%の京大生が選択肢Bを選ぶ。数学的期待で考えれば、選択肢A（期待値は40000×0.8=32000）の方が上だが、選択肢Aの二〇%の何ももらえない危険を嫌って、選択肢B（期待値は30000×1.0=30000）を選んで確実に三万円をもらおうと思うのだ。続いて、次のような二者択一問題を考えてみよう。

選択肢C　確率二〇%で、四万円を受け取る。
選択肢D　確率二五%で、三万円を受け取る。

驚いたことに、今度は、京大生の八〇%が選択肢Cを選ぶ。この京大生の選択も困りものだ。なぜならば、どちらの択一問題とも、賞金の金額は同じで、確率の比率も四：五という選択構造を持っているのに、両者の間で危険選好が逆転するのだ。なぜ選好の逆転が生じるのだろうか。鍵は、選択肢Bの確実性にある。人間は、確実性が選択肢の中に入ると、わずかな危険を回避して、特別にその選択肢を好む。しかし、一度、危険を織り込んでしまえば、少しくらいの確率の高低は大きな違いではないと割り切ることができるのだ。

第三の主要内容は「社会選好」である。経済学では、人間のことを利己的だとみなしているが、実際には見返りを求めない利他性を持っている。真の利他性を調べるために、独裁者ゲームを考えてみよう。

相手が誰か分からないように、二人を一組にして、片方の人間にこう言います。「あなた方二人に一万円を差し上げます。ただし、この一万円をどう分けるかは、あなたが決めてくれて結構です。二人で分けても良いし、分けなくても良い。相手に拒否権はなく、あなたの申し出る分配額を受け入れるしかありません」

相手は拒否権を持たないので、分配額が少ないために相手が拒否して、自分が一円ももらえなくなることを心配する必要はない。にもかかわらず、生身の人間は平均して二〇〇〇円程度を相手に分配する。相手が、友人や家族のような身近な存在であれば、分配額が高くなる傾向があること、あるいは、相手の写真を見るだけで分配額が上がるような傾向があることも分かってきた。

行動経済学の入門書としての特徴

私が入門書を書く時は、時間選好、危険選好、社会選好の順番で章を構成してきた。伝統的経済学が仮定するホモ・エコノミカスと行動経済学が仮定する生身の人間を比較する上で、まず、時間選好の割引効用理論と現在性バイアスから語り始め、次いで、危険選好の期待効用理論と確実性バイアスに引き継ぎ、最後に、社会選好の利他性を説明するのが、読者の理解を助けるからである。実際、私の『行動経済学』では、時間選好は第2章、危険選好は第3章、社会選好は第5章に配置している。多かれ少なかれ、類似の入門書はこの構成をとっている。

ところが、ミシェル・バデリーの行動経済学では、構成が異なる。第2章で行動経済学の基本的概念が概説された後、第3章でいきなり社会選好が取り上げられている。これにはかなり驚いた。社会選好は行動経済学の主要テーマではあるものの、一丁目一番地というほどではない。第4章でヒューリスティクスが説明された後、第5章で危険選好、第6章で時間選好が取り上げられている。通常の経済学のセオリーを無視した章立てである。

これが意外に悪くない。もともと、行動経済学の入門書を手に取る読者は、伝統的経済学の基本モデルを学びたいわけではなく、むしろ胸がときめく行動経済学の新しい発見を知りたいと思っているわけだ。そう考えれば、読者にとって馴染みやすい社会選好から入るのも悪くない。実際に、本書の読者は、第2章から第3章にスムーズに移ることができたに違いない。第4章から第7章では、先述したようなさまざまな認知バイアスを取り上げる。そのあとで語られる第8章のマクロ経済学、第9章の公共政策は読みやすく、無事に最終章までたどり着けるというわけだ。

本書を読み終えた読者には、行動経済学の発展篇として、無作為比較対照型の社会実験であるフィールド実験の入門書にも挑戦して欲しい。行動経済学の知見が、新しい経済学でどんどんと活用されていることが分かるはずだ。以下の本がおすすめ。

■アビジット・V・バナジー（著）、エステル・デュフロ（著）、山形浩生（翻訳）『貧乏人の経済学――もういちど貧困問題を根っこから考える』みすず書房、二〇一二年

■ウリ・ニーズィー（著）、ジョン・A・リスト（著）、望月衛（翻訳）『その問題、経済学で解決できます。』東洋経済新報社、二〇一四年

■依田高典（著）、田中誠（著）、伊藤公一朗（著）『スマートグリッド・エコノミクス――フィールド実験・行動経済学・ビッグデータが拓くエビデンス政策』有斐閣、二〇一七年

二〇一八年七月

『いつも「時間がない」あなたに――欠乏の行動経済学』
センディル・ムッライナタン&エルダー・シャフィール/大田直子訳、ハヤカワ・ノンフィクション文庫
いつも時間に追われていて、思うように物事が片付けられない。それなりの収入はあるのに、借金を重ねてしまう。ダイエットをしようとたびたび取り組むが、長続きしない……ハーバード&プリンストン大学コンビが「欠乏」の論理を解き明かす！　カーネマン、セイラー、さらにはグーグル元CEOのエリック・シュミットまでがこぞって絶賛。　**解説/安田洋祐**

『愛と怒りの行動経済学――賢い人は感情で決める』
エヤル・ヴィンター/青木創訳、四六判並製単行本
従来の行動経済学によれば、愛や怒り、妬みなどの感情は合理的な意思決定を妨げる要因だが、その考えは悲観的に過ぎる――「意外と賢い」感情の役割とは？　ドイツ人・イスラエル人・パレスチナ人を対象とした信頼ゲーム実験で自民族中心主義をあぶり出すなど、本書の射程はきわめてアクチュアルな問いにまで及ぶ。

『マシュマロ・テスト――成功する子・しない子』
ウォルター・ミシェル/柴田裕之訳、ハヤカワ・ノンフィクション文庫
マシュマロを今すぐ1個もらう？　それとも、我慢してあとで2個もらう？　行動経済学でいう「割引率」が長期にわたって人生に及ぼす影響を調べる実験、マシュマロ・テスト。その生みの親が、半世紀にわたる追跡調査の成果を明かしたのが本書。人の一生をＩＱ以上に大きく左右する「意志の力」のメカニズムと身につけ方がわかる。　**解説/大竹文雄**

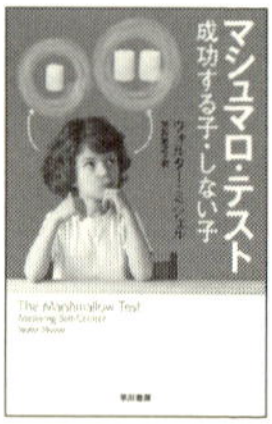

『知ってるつもり――無知の科学』
スティーブン・スローマン&フィリップ・ファーンバック/土方奈美訳、四六判並製単行本
極端な政治思想の持ち主ほど、政策の中身を理解していない。多くの学生は文章を正しく読めていないが、そのことに気づいていない――人はしばしば、自らの理解度を過大評価するバイアスに陥ってしまう。この事実を明らかにした米国の認知科学者コンビは、セイラーの提唱する「ナッジ」に希望を見出す。『サピエンス全史』著者が絶賛する話題作。

日本の読者のための読書案内

（早川書房編集部編）

＊すべて早川書房刊。

＊判型は 2018 年 8 月現在。すべて電子版あり。

『予想どおりに不合理
――行動経済学が明かす「あなたがそれを選ぶわけ」』

ダン・アリエリー／熊谷淳子訳、ハヤカワ・ノンフィクション文庫

現金は盗まないが鉛筆なら平気で失敬する、頼まれごとなら頑張るが安い報酬ではやる気が失せる……どこまでも「不合理」な人間の行動を「予想」することができれば、長続きしなかったダイエットに成功するかもしれないし、次なる大ヒット商品を生み出せるかもしれない！　イグ・ノーベル賞受賞の著者が行動経済学ブームに火をつけたベストセラー。　**解説／大竹文雄**

『ファスト＆スロー
――あなたの意思はどのように決まるか？』　上・下

ダニエル・カーネマン／村井章子訳、ハヤカワ・ノンフィクション文庫

直感的で感情に根ざす「速い思考」と合理的で努力を要する「遅い思考」。この二つの思考の相互作用により形づくられる意思決定には、どのようなバイアスが潜んでいるのか？　心理学者にしてノーベル経済学賞を受賞した類まれなる頭脳が、よりよい決断の道筋を示し、あなたの人間観・人生観を一変させる。「21 世紀の古典」の呼び声高い名著。　**解説／友野典男**

『行動経済学の逆襲』

リチャード・セイラー／遠藤真美訳、四六判上製単行本

学史を知りたいならこの１冊！　2017 年にノーベル経済学賞に輝いた第一人者が自らの研究者人生を振り返りつつ、伝統的な経済学の大前提に真っ向から挑んだ「異端の学問」が支持を集めるようになるまでの道のりを描く。ユーモアにあふれたその筆致はカーネマンに「行動経済学を発明した天才は、稀代のストーリーテラーでもある」と言わしめた。

索　引

文献案内

第１章　経済学と行動

行動経済学には以下をはじめ、多数の入門書がある。

Ariely, D. (2008) *Predictably Irrational—The Hidden Forces that Shape Our Decisions*, New York: Harper Collins（ダン・アリエリー『予想どおりに不合理――行動経済学が明かす「あなたがそれを選ぶわけ」』熊谷淳子訳、ハヤカワ・ノンフィクション文庫、2013 年）.

Gigerenzer, G. (2014) *Risk Savvy: How to Make Good Decisions*, London: Penguin Books（ゲルト・ギーゲレンツァー『賢く決めるリスク思考――ビジネス・投資から、恋愛・健康・買い物まで』田沢恭子訳、インターシフト、2015 年）.

Kahneman, D. (2011) *Thinking, Fast and Slow*, London: Allen Lane（ダニエル・カーネマン『ファスト＆スロー――あなたの意思はどのように決まるか？』村井章子訳、ハヤカワ・ノンフィクション文庫、2014 年）.

Thaler, R. H. (2015) *Misbehaving: The Making of Behavioural Economics*, London: Allen Lane（リチャード・セイラー『行動経済学の逆襲』遠藤真美訳、早川書房、2016 年）.

経済学の予備知識があることを前提とする、もう少し学術的な入門文献は以下。

Baddeley, M. (2013) *Behavioural Economics and Finance*, Routledge: Abingdon.

Earl, P. E. and Kemp, S. (1999) *The Elgar Companion to Consumer Research and Economic Psychology*, Cheltenham: Edward Elgar.

Laibson, D. and List, J. E. (2015) Principles of (behavioral) economics, *American Economic Review* 105(5): 385–90.

経済学における合理性については、膨大な文献がある。いくつか例を挙げよう。

Simon, H. A. (1955) A behavioural model of rational choice, *Quarterly Journal of Economics* 69: 99–118.

Leibenstein, H. (1976) *Beyond Economic Man*, Cambridge, MA: Harvard University Press.

Smith, V. L. (2003) Constructivist and ecological rationality in economics, *American Economic Review* 93(3): 465–508.

第２章　モチベーションとインセンティブ

行動経済学者によるインセンティブとモチベーションの分析は、以下を参照。

Ariely, D. A., Bracha, A., and Meier, S. (2009) Doing good or doing well? Image motivation and monetary incentives in behaving prosocially, *American Economic Review* 99(1): 544–55.

Bénabou, R. and Tirole, J. (2006) Incentives and prosocial behavior, *American Economic Review* 96(5): 1652–78.

Frey, B. S. and Jegen, R. (2001) How intrinsic motivation is crowded out and in, *Journal of Economic Surveys* 15(5): 589–611.

社会的インセンティブと労働市場における贈与交換に関する分析は、以下を参照。

Akerlof, G. A. (1982) Labor contracts as partial gift exchange, *Quarterly Journal of Economics* 97(4): 543–69.

本章で取り上げた保育園の事例は、以下に詳しい。

Gneezy, U. and Rustichini, A. (2000) A fine is a price, *Journal of Legal Studies* 29(1): 1–17.

第3章　社会生活

社会的選好とそれに関連する実験的研究についての先駆的論文をいくつか挙げよう。

Berg, J. E., Dikhaut, J., and McCabe, K. (1995) Trust, reciprocity and social history, *Games and Economic Behavior* 10(1): 122–42.

Fehr, E. and Gächter, S. (2000) Cooperation and punishment in public goods experiments, *American Economic Review* 90(4): 980–94.

Fehr, E. and Schmidt, K. M. (1999) Theory of fairness, competition and cooperation, *Quarterly Journal of Economics* 114(3): 817–68.

Güth, W., Schmittberger, R., and Schwarze, B. (1982) An experimental analysis of ultimatum bargaining, *Journal of Economic Behavior and Organisation* 3: 367–88.

Henrich, J., Boyd, R., Bowles, S., Camerer, C., Fehr, E., Gintis, H., and McElreath, R. (2001) In search of *homo economicus*: behavioral experiments in 15 small-scale societies, *American Economic Review* 91(2): 73–8.

ハーディング現象に関する神経経済学的分析について、詳しく知りたい方は以下を参照。

Baddeley, M. (2010) Herding, social influence and economic decision-making: socio-psychological and neuroscientific analyses, *Philosophical Transactions of the Royal Society B* 365(1538): 281–90.

Singer, T. and Fehr, E. (2005) The neuroeconomics of mind reading and empathy, *American Economic Review* 95(2): 340–5.

経済学におけるハーディング現象と社会的学習に関する優れた文献は以下を参照。

Anderson, L. and Holt, C. (1996) Classroom games: information cascades, *Journal of Economic Perspectives* 10(4): 187–93.
Banerjee, A. (1992) A simple model of herd behavior, *Quarterly Journal of Economics* 107(3): 797–817.
Bikhchandani, S., Hirshleifer, D., and Welch, I. (1998) Learning from the behavior of others: conformity, fads, and informational cascades, *Journal of Economic Perspectives* 12(3): 151–70.

ジェームズ・スロウィッキーは門外漢の立場から、すばらしい入門書を書いている。

Surowiecki, J. (2004) *The Wisdom of Crowds: Why the Many Are Smarter than the Few*, London: Abacus（ジェームズ・スロウィッキー『「みんなの意見」は案外正しい』小高尚子訳、角川文庫、2009 年）.

ハーディング現象に関する科学的研究と専門家の見解は以下を参照。

Baddeley, M. (2015) Herding, social influences and behavioural bias in scientific research, *European Molecular Biology Organisation Reports* 16(8): 902–5.
Baddeley, M. (2013) Herding, social influence and expert opinion, *Journal of Economic Methodology* 20(1): 37–45.

ミラーニューロンと模倣に関する初期の分析は以下を参照。

Rizzolati, G. and Craighero, L. (2004) The mirror neuron system, *Annual Reviews of Neuroscience* 27:169–92.

行動経済学におけるアイデンティティの分析について、詳しくは以下を参照。

Akerlof, G. A. and Kranton, R. E. (2011) *Identity Economics—How our Identities Shape Our Work, Wages and Well-being*, Princeton: Princeton University Press（ジョージ・A・アカロフ&レイチェル・E・クラントン『アイデンティティ経済学』山形浩生・守岡桜訳、東洋経済新報社、2011 年）.

ソロモン・アッシュが集団の影響を調べるために行った、線の長さに関する実験を最初に発表したのは以下の論文である。

Asch, S. E. (1955) Opinions and social pressure, *Scientific American* 193(5): 31–5.

第4章　速い思考

本章で取り上げた選択の実験は、以下で紹介されている。

Iyengar, S. and Lepper, M. (2000) When choice is demotivating, *Journal of Personality and Social Psychology* 79(6): 995–1006.

選択肢の過負荷に関するエビデンスは、明確な結論を示していない。エビデンスのメタ分析は以下を参照。

Chernev, A., Böckenholt, U., and Goodman, J. (2015) Choice overload: A conceptual review and meta-analysis, *Journal of Consumer Psychology* 25(2): 333–58.

Scheibehenne, B., Greifeneder, R., and Todd, P. M. (2010) Can there ever be too many options? A meta-analytic review of choice overload, *Journal of Consumer Research* 37(3): 409–25.

カーネマンとトベルスキーのヒューリスティクスとバイアスに関する画期的論文は以下。

Tversky, A. and Kahneman, D. (1974) Judgement under uncertainty: Heuristics and biases, *Science* 185: 1124–31（エイモス・トヴェルスキー＆ダニエル・カーネマン「不確実性下における判断――ヒューリスティクスとバイアス」〔ダニエル・カーネマン『ファスト＆スロー』所収〕).

認知的不協和については以下を参照。

Akerlof, G. A. and Dickens, W. T. (1982) The economic consequences of cognitive dissonance, *American Economic Review* 72(3): 307–19.

セイラーとベナルチによるデフォルト・オプションの活用については以下を参照。

Thaler, R. H. and Benartzi, S. (2004) Save More Tomorrow™ : using behavioral economics to increase employee saving, *Journal of Political Economy* 112(1): S164–S187.

第5章　リスク下の選択

プロスペクト理論に関する画期的論文は以下。

Kahneman, D. and Tversky, A. (1979) Prospect theory—an analysis of decision under risk, *Econometrica* 47(2): 263–92.

後悔理論は以下で紹介されている。

Loomes, G. and Sugden, R. (1982) Regret theory: an alternative theory of choice under uncertainty, *Economic Journal* 92(368): 805–24.

本章で触れた損失回避性、保有効果、現状維持バイアスに関する他の研究には、以下などがある。

Kahneman, D., Knetsch, J., and Thaler, R. (1991) Anomalies: The endowment effect, loss aversion and status quo bias, *Journal of Economic Perspectives* 5(1): 193–206.

Viscusi, W. Kip, Magat, W. A., and Huber, J. (1987) An investigation of the rationality of consumer valuations of multiple health risks, *Rand Journal of Economics* 18(4): 465–79.

第6章　時間のバイアス

本章で言及した、時間割引に関する画期的論文には、行動経済学や経済心理学のみならず、神経科学や行動生態学の研究も含まれている。本文中に引用した主な研究や分析は以下のとおりである。

Ainslie, G. (1974) Impulse control in pigeons, *Journal of the Experimental Analysis of Behavior* 21(3): 485–9.

Angeletos, G.-M., Laibson, D., Repetto, A., Tobacman, J., and Weinberg, S. (2001) The hyperbolic consumption model: Calibration, simulation, and empirical evaluation, *Journal of Economic Perspectives* 15(3): 47–68.

Camerer, C. F., Babcock, L., Loewenstein, G., and Thaler, R. H. (1997) Labour supply of New York City cab drivers: One day at a time, *Quarterly Journal of Economics* 112(2): 407–41.

DellaVigna, S. and Malmendier, U. (2006) Paying not to go to the gym, *American Economic Review* 96(3): 694–719.

Duflo, E., Kremer, M., and Robinson, J. (2011) Nudging farmers to use fertilizer: Theory and experimental evidence from Kenya, *American Economic Review* 101(6): 2350–90.

Glimcher, P. W., Kable, J., and Louie, K. (2007) Neuroeconomic studies of impulsivity: No or just as soon as possible, *American Economic Review* 97(2): 142–7.

Laibson, D. (1997) Golden eggs and hyperbolic discounting, *Quarterly Journal of Economics* 112(2): 443–78.

McClure, S. M., Laibson, D. I., Loewenstein, G., and Cohen, J. D. (2004) Separate neural systems value immediate and delayed rewards, *Science* 306(5695): 503–7.

Mischel, W., Shoda, Y., and Rodriguez, M. L. (1989) Delay of gratification in children, *Science* 244(4907): 933–8.

Mulcahy, N. J. and Call, J. (2006) Apes save tools for future use, *Science* 312(5776): 1038–40.

O'Donoghue, T. and Rabin, M. (2001) Choice and procrastination, *Quarterly Journal of Economics* 116(1): 121–60.

Read, D., Loewenstein, G., and Montague, M. (1999) Choice bracketing, *Journal of Risk and Uncertainty* 19(1–3): 171–97.

Rick, S. and Loewenstein, G. (2008) Intangibility in intertemporal choice, *Philosophical Transactions of the Royal Society B* 363(1511): 3813–24.

Strotz, R. H. (1955) Myopia and inconsistency in dynamic utility maximization, *Review of Economic Studies* 23: 165–80.

Thaler, R. H. (1999) Mental accounting matters, *Journal of Behavioral Decision Making* 12: 183–206.

Warner, J. T. and Pleeter, S. (2001) The personal discount rate: Evidence from military downsizing programs, *American Economic Review* 91(1): 33–53.

第７章　性格、気分、感情

性格診断のビッグファイブ・モデルや認知反射テスト（CRT）に関する説明は以下を参照。

Frederick, S. (2005) Cognitive reflection and decision-making, *Journal of Economic Perspectives* 19(4): 25–42.

McCrae, R. R. and Costa, P. T. (1987) Validation of the five-factor model of personality across instruments and observers, *Journal of Personality and Social Psychology* 52: 81–90.

「バットとボール」に関する CRT の問題の解答は「五セント」である。実験の参加者へのインセンティブの影響については、以下を参照。

Gneezy, U. and Rustichini, A. (2000) Pay enough or don't pay at all, *Quarterly Journal of Economics* 115(3): 791–810.

遺伝子と性格に関するデビッド・チェザリーニらの研究については、以下を参照。

Cesarini, D., Dawes, C. T., Johannesson, M., Lichtenstein, P., and Wallace, B. (2009) Genetic variation in preferences for giving and risk taking, *Quarterly Journal of Economics* 124(2): 809–42.

性格と人生における経済的機会に関するその他の文献は以下。

Borghans, L., Duckworth, A. L., Heckman, J. J., and Ter Weel, B. (2008) The economics

and psychology of personality traits, *Journal of Human Resources* 43(4): 972–1059.
Heckman, J., Moon, S. H., Pinto, R., Savelyev, P., and Yavitz, A. (2010) The rate of return to the HighScope Perry Preschool Program, *Journal of Public Economics* 94(1–2): 114–28.
Mischel, W., Shoda, Y., and Rodriguez, M. L. (1989) Delay of gratification in children, *Science* 244(4907): 933–8.

感情に関して引用した文献は以下のとおりである。

Elster, J. (1998) Emotions and economic theory, *Journal of Economic Literature* 36(1): 47–74.
le Doux, J. E. (1996) *The Emotional Brain*, New York: Simon & Schuster（ジョセフ・ルドゥー『エモーショナル・ブレイン――情動の脳科学』松本元・川村光毅ほか訳、東京大学出版会、2003 年）.

ダン・アリエリーが同僚と行った、感情と選好に関する研究は以下を参照。

Lee, L., Amir, O., and Ariely, D. (2009) In search of homo economicus: Cognitive noise and the role of emotion in preference consistency, *Journal of Consumer Research* 36(2): 173–87.

中毒に関する研究は、ゲリー・ベッカーの合理的中毒理論をきっかけに生まれた。

Becker, G. S. and Murphy, K. M. (1988) A theory of rational addiction, *Journal of Political Economy* 96(4): 675–700.

ベッカーの理論に代わる、行動経済学者による中毒の解釈としては以下の文献などがある。

Baddeley, M. (2013) Bad habits, *Behavioural Economics and Finance*, Routledge: Abingdon, chapter 10.
Bernheim, B. D. and Rangel, A. (2004) Addiction and cue-triggered decision processes, *American Economic Review* 94(5): 1558–90.
Laibson, D. I. (2001) A cue-theory of consumption, *Quarterly Journal of Economics* 116(1): 81–119.
Loewenstein, G. (1996) Out of control: Visceral influences on decision making, *Organizational Behavior and Human Decision Processes* 65(3): 272–92.

キャメラーらによる調査論文は、神経経済学の優れた入門書である。たとえば以下を参照。

Camerer, C. F., Loewenstein, G., and Prelec, D. (2005) Neuroeconomics: How neuroscience can inform economics, *Journal of Economic Literature* 43(1): 9–64.

思考の二重システム理論とソマティックマーカー仮説に関する入門的解説は以下を参照。

Damasio, A. R. (1994) *Descartes' Error: Emotion, Reason, and the Human Brain*, London: Vintage（アントニオ・R・ダマシオ『デカルトの誤り——情動、理性、人間の脳』田中三彦訳、ちくま学芸文庫、2010 年）.

Kahneman, D. (2003) Maps of bounded rationality: Psychology for behavioral economics, *American Economic Review* 93(5): 1449–75.

Kahneman, D. (2011) *Thinking, Fast and Slow*, London: Allen Lane（『ファスト＆スロー』）.

本章で引用した、経済と金融において感情が果たす役割についての神経経済学的分析は、以下を参照。

Coates, J. M. and Herbert, J. (2008) Endogenous steroids and financial risk taking on a London trading floor, *Proceedings of the National Academy of Sciences* 105(16): 6167–72.

Cohen, J. D. (2005) The vulcanization of the human brain: A neural perspective on interactions between cognition and emotion, *Journal of Economic Perspectives* 19(4): 3–24.

Knutson, B. and Bossaerts, P. (2007) Neural antecedents of financial decisions, *Journal of Neuroscience* 27(31): 8174–7.

Kuhnen, C. and Knutson, B. (2005) The neural basis of financial risk taking, *Neuron* 47(5): 763–70.

Lo, A. W. and Repin, D. V. (2002) The psychophysiology of real-time financial risk processing, *Journal of Cognitive Neuroscience* 14(3): 323–39.

Sanfey, A. G., Rilling, J. K., Aronson, J. A., Nystrom, L. E., and Cohen, J. D. (2003) The neural basis of economic decision-making in the Ultimatum Game, *Science* 300 (5626): 1755–8.

Shiv, B., Loewenstein, G., Bechara, A., Damasio, H., and Damasio, A. R. (2005) Investment behaviour and the negative side of emotion, *Psychological Science* 16(6): 435–9.

Smith, K. and Dickhaut, J. (2005) Economics and emotions: Institutions matter, *Games and Economic Behavior* 52: 316–35.

Tuckett, D. (2011) *Minding the Markets: An Emotional Finance View of Financial Instability*, Basingstoke: Palgrave Macmillan.

第8章　マクロ経済における行動

行動マクロ経済学に関する初期の重要な文献は以下。

Katona, G. (1975) *Psychological Economics*, New York: Elsevier.

Keynes, J. M. (1936) *The General Theory of Employment, Interest and Money*, London: Macmillan（ジョン・メイナード・ケインズ『雇用、利子、お金の一般理論』山形浩生訳、講談社学術文庫、2012 年ほか), 特に第 12 章を参照。

Minsky, H. (1986) *Stabilizing an Unstable Economy*, New Haven, CT: Yale University Press（ハイマン・ミンスキー『金融不安定性の経済学——歴史・理論・政策』吉野紀・浅田統一郎・内田和男訳、多賀出版、1989 年).

ジョージ・アカロフはノーベル賞受賞講演で、重要なテーマの多くを取り上げた。

Akerlof, G. (2002) Behavioral macroeconomics and macroeconomic behavior, *American Economic Review* 92(3): 411–33.

ターリ・シャーロットは楽観バイアスについて興味深い研究を行っており、以下で紹介している。

Sharot, T. (2011) *The Optimism Bias: Why We're Wired to Look on the Bright Side*, New York: Pantheon Books（ターリ・シャーロット『脳は楽観的に考える』斉藤隆央訳、柏書房、2013 年).

それ以外に本書で取り上げた楽観バイアスに関する主な研究は以下のとおりである。

Ifcher, J. and Zarghamee, H. (2011) Happiness and time preference: The effect of positive affect in a random-assignment experiment, *American Economic Review* 101(7): 3109–29.

National Audit Office (2013) Over-optimism in government projects. Report by the UK's National Audit Office.

最近の行動マクロ経済学の分析や理論は以下を参照。

Akerlof, G. and Shiller, R. (2009) *Animal Spirits: How Human Psychology Drives the Economy and Why it Matters for Global Capitalism*, Princeton: Princeton University Press（ジョージ・A・アカロフ&ロバート・J・シラー『アニマルスピリット——人間の心理がマクロ経済を動かす』山形浩生訳、東洋経済新報社、2009 年).

Baddeley, M. (2016) Behavioural macroeconomics: Time, optimism and animal spirits, in R. Frantz, S.-H. Chen, K. Dopfer, F. Heukelom, and S. Mousavi (eds), *Routledge*

Handbook of Behavioural Economics, New York: Routledge, pp. 266–79.
de Grauwe, P. (2012) Booms and busts in economic activity: A behavioural explanation, *Journal of Economic Behavior and Organisation* 83(3): 484–501.
Farmer, R. E. A. (2012) Confidence, crashes and animal spirits, *Economic Journal* 122(559): 155–72.
Howitt, P. and McAfee, R. P. (1992) Animal spirits, *American Economic Review* 82(3): 493–507.
Woodford, M. (1990) Learning to believe in sunspots, *Econometrica* 58: 277–307.

金融市場のバブルと不安定化の分析、さらに本章で取り上げた人々の気分や天候が金融市場に与える影響に関する文献は以下のとおりである。

Hirshleifer, D. and Shumway, T. (2003) Good day sunshine: Stock returns and the weather, *Journal of Finance* 58(3): 1009–32.
Kamstra, M. J., Kramer, L. A., and Levi, M. D. (2003) Winter blues: A SAD stock market cycle, *American Economic Review* 93(1): 324–43.
Kindleberger, C. P. (2001) *Manias, Panics and Crashes: A History of Financial Crises* (4th edition), Hoboken, NJ: John Wiley（チャールズ・P・キンドルバーガー『熱狂、恐慌、崩壊――金融恐慌の歴史』吉野俊彦・八木甫訳、日本経済新聞社、2004年）.

ロバート・プレクターらの社会の空気に関する入門書は以下。

Casti, J. L. (2010) *Mood Matters: From Rising Skirt Lengths to the Collapse of World Powers*, Berlin: Springer-Verlag.

幸福や福祉に関する入門文献は以下。

Haybron, D. M. (2013) *Happiness: A Very Short Introduction*, Oxford: Oxford University Press.
Layard, R. L. (2005) *Happiness: Lessons from a New Science*, London: Penguin.
O'Donnell, G., Deaton, A., Durand, M., Halpern, D., and Layard, R. (2014) *Wellbeing and Policy*, London: Legatum Institute.
Oswald, A. J., and Wu, S. (2010) Objective confirmation of subjective measures of human well-being: Evidence from the U.S.A., *Science* 327(5965): 576–79.
The World Bank, Happiness Report, various years, Washington, DC: World Bank. 〈http://worldhappiness.report〉.

第９章　経済行動と公共政策

政策立案者向けの行動経済学の入門文献として、影響力が大きいものは、以下

のとおりである。

Dolan, P., Hallsworth, M., Halpern, D., King, D., and Vlaev, I. (2010) *Mindspace—Influencing Behaviour Through Public Policy*, London: Cabinet Office/Institute for Government.

Schultz, P. W., Nolan, J. M., Cialdini, R. B., Goldstein, N. J., and Griskevicius, V. (2007) The constructive, destructive, and reconstructive power of social norms, *Psychological Science* 18(5): 429–34.

Thaler, R. and Sunstein, C. (2008) *Nudge—Improving Decisions about Health, Wealth and Happiness*, New Haven, CT: Yale University Press（リチャード・セイラー＆キャス・サンスティーン『実践 行動経済学——健康、富、幸福への聡明な選択』遠藤真美訳、日経 BP 社、2009 年）.

電力消費に関する行動経済学的知見の応用に関しては、以下を参照。

Baddeley, M. (2015) Behavioural approaches to managing household energy consumption, in F. Beckenbach and W. Kahlenborn (eds), *New Perspectives for Environmental Policies through Behavioural Economics*, Berlin: Springer, pp. 2013–235.

デフォルト・オプションを利用した政策的ナッジについては、キャス・サンスティーンも詳細かつ網羅的に取り上げている。

Sunstein, C. (2015) *Choosing Not to Choose: Understanding the Value of Choice*, Oxford: Oxford University Press（キャス・サンスティーン『選択しないという選択——ビッグデータで変わる「自由」のかたち』伊達尚美訳、勁草書房、2017 年）.

〔エッセンシャル版《ばん》〕行動経済学《こうどうけいざいがく》
2018年9月10日　初版印刷
2018年9月15日　初版発行

＊

著　者　ミシェル・バデリー
訳　者　土《ひじ》方《かた》奈《な》美《み》
発行者　早　川　　浩

＊

印刷所　精文堂印刷株式会社
製本所　大口製本印刷株式会社

＊

発行所　株式会社　早川書房
東京都千代田区神田多町2−2
電話　03-3252-3111（大代表）
振替　00160-3-47799
http://www.hayakawa-online.co.jp
定価はカバーに表示してあります
ISBN978-4-15-209794-1　C0033
Printed and bound in Japan
乱丁・落丁本は小社制作部宛お送り下さい。
送料小社負担にてお取りかえいたします。